Jakub Czyz

Die Anreizwirkungen der bundesdeutschen Förderpolitik auf die Supply Chain im Markt für Windenergie in Deutschland

Diplomica® Verlag GmbH

Czyz, Jakub: Die Anreizwirkungen der bundesdeutschen Förderpolitik auf die Supply Chain im Markt für Windenergie in Deutschland.
Hamburg, Diplomica Verlag GmbH 2012

ISBN: 978-3-8428-8475-5
Druck: Diplomica® Verlag GmbH, Hamburg, 2012

Bibliografische Information der Deutschen Nationalbibliothek:
Die Deutsche Nationalbibliothek verzeichnet diese Publikation in der Deutschen Nationalbibliografie; detaillierte bibliografische Daten sind im Internet über http://dnb.d-nb.de abrufbar.

Die digitale Ausgabe (eBook-Ausgabe) dieses Titels trägt die ISBN 978-3-8428-3475-0 und kann über den Handel oder den Verlag bezogen werden.

Dieses Werk ist urheberrechtlich geschützt. Die dadurch begründeten Rechte, insbesondere die der Übersetzung, des Nachdrucks, des Vortrags, der Entnahme von Abbildungen und Tabellen, der Funksendung, der Mikroverfilmung oder der Vervielfältigung auf anderen Wegen und der Speicherung in Datenverarbeitungsanlagen, bleiben, auch bei nur auszugsweiser Verwertung, vorbehalten. Eine Vervielfältigung dieses Werkes oder von Teilen dieses Werkes ist auch im Einzelfall nur in den Grenzen der gesetzlichen Bestimmungen des Urheberrechtsgesetzes der Bundesrepublik Deutschland in der jeweils geltenden Fassung zulässig. Sie ist grundsätzlich vergütungspflichtig. Zuwiderhandlungen unterliegen den Strafbestimmungen des Urheberrechtes.

Die Wiedergabe von Gebrauchsnamen, Handelsnamen, Warenbezeichnungen usw. in diesem Werk berechtigt auch ohne besondere Kennzeichnung nicht zu der Annahme, dass solche Namen im Sinne der Warenzeichen- und Markenschutz-Gesetzgebung als frei zu betrachten wären und daher von jedermann benutzt werden dürften.

Die Informationen in diesem Werk wurden mit Sorgfalt erarbeitet. Dennoch können Fehler nicht vollständig ausgeschlossen werden, und der Diplomica Verlag, die Autoren oder Übersetzer übernehmen keine juristische Verantwortung oder irgendeine Haftung für evtl. verbliebene fehlerhafte Angaben und deren Folgen.

© Diplomica Verlag GmbH
http://www.diplomica-verlag.de, Hamburg 2012
Printed in Germany

Inhaltsverzeichnis

Inhaltsverzeichnis i
Abkürzungsverzeichnis iv
Abbildungsverzeichnis vi
Tabellenverzeichnis vi

1 Einleitung 7
1.1 Fragestellung und Ziele der Studie 7

2. Historische Entwicklung der Windenergie in Deutschland 8
2.1 Bisherige Entwicklung der Offshore-Windenergie 11
2.1.1 Politische Faktoren 13
2.1.2 Gesetzliche Faktoren 14
2.1.3 Treibende Faktoren 16

3. Wirtschaftliche Betrachtung 17
3.1 Finanzierung 17
3.2 Projektkosten 18
3.3 Gesamtes Investitionsvolumen 19
3.4 Investitionsnebenkosten 19
3.5 Betriebskosten 20
3.6 Stromentstehungskosten 21
3.7 Kostensenkungspotenziale 21
3.8 Rendite und Ausblick 22

4. VWL-Sichtweise 23
4.1 Energieimporte 23
4.2 Energieeffizienz 25
4.3 Energiepolitik 27
4.4 Potenziale Offshore-Windparks 28

5. Wertschöpfungskette 28

5.1 Grundlagen / Probleme 30

5.2 Aufbau und Logistik eines Windparks 30

5.3 Varianten der Offshore-Logistik 33

5.3.1 Variante 1 33

5.3.2 Variante 2 34

5.3.3 Variante 3 34

5.4 Akteure der Wertschöpfungskette 34

5.5 Häfen als Standortvorteil 37

5.6 Arbeitsmarkt 39

5.7 Standortfaktoren und räumliche Nähe 41

5.7.1 Modell von Alfred Weber 42

5.7.2 Neoklassische Modelle vs. Behavioristische Modelle 43

5.7.3 Innovationen 44

5.7.4 Agglomerationseffekte 47

5.7.5 Wissenstransfer 49

5.7.6 Unternehmenscluster 50

5.7.7 Arten von Wissen 51

5.8 Praxisbeispiel Region Bremerhaven 52

5.9 Fazit 53

6. Förderinstrumente 54

6.1 Energiepolitische Instrumente 55

6.1.1 Institutionelle Instrumente 55

6.1.2 Monetäre Instrumente 55

6.1.2.1 Einspeisevergütung 58

6.1.3 Mengensteuerung 59

6.1.3.1 Das Quotenmodell 59

6.1.4 Förderprogramme 61

6.2 Bewertung 61

7. Anreizwirkungen der EEG auf die Wertschöpfungskette 63

7.1 Auswertungen der Umfrage 63

7.1.1 Energieversorger 63
7.1.2 Logistikunternehmen 64
7.1.3 Zulieferer 65
7.2 Fundamentale Betrachtung der Anreizwirkungen 65
7.2.1 WEA-Hersteller 66
7.2.2 Energieversorger 68
7.3 Zusammenfassung und Ausblick 69

8. Fazit 71

Anhang 75
Literaturverzeichnis 78

Abkürzungsverzeichnis

Abb.	Abbildung
AWZ	Ausschließliche Wirtschaftszone
BIP	Bruttoinlandsprodukt
BMBF	Bundesministerium für Bildung und Forschung
BMWi	Bundesministerium für Wirtschaft und Technologie
BRD	Bundesrepublik Deutschland
BRIC	Brasilien, Russland, Indien und China
Bsp.	Beispiel
bspw.	beispielsweise
bzw.	beziehungsweise
ca.	Circa
CO2	Kohlenstoffdioxid
ebd.	Ebenda
EEG	Erneuerbare-Energien-Gesetz
EK	Eigenkapital
et al	et alii
EU	Europäische Union
evtl.	eventuell
EZB	Europäische Zentralbank
F&E	Forschung und Entwicklung
g	Gramm
GB	Großbritannien
gem.	gemäß
GfK	Gesellschaft für Konsumforschung
IKB	Deutsche Industriebank AG
IWF	Internationaler Währungsfonds
KfW	Kreditanstalt für Wiederaufbau
km	Kilometer
km/h	Kilometer pro Stunde
KMU	Kleine und Mittlere Unternehmen

kW	Kilowatt
kW/h	Kilowatt pro Stunde
m	Meter
MHz	Megahertz
Mio.	Millionen
Mrd.	Milliarde
MW	Megawatt
sog.	sogenannt
TWh	Terawattstunde
USA	Vereinigte Staaten von Amerika
vgl.	Vergleiche
VWL	Volkswirtschaftslehre
WEA	Windenergieanlagen
z. B.	zum Beispiel

Abbildungsverzeichnis

Abbildung 1: Energieverbrauch Vergleich pro Kopf 25
Abbildung 2: Vergleich Wirtschaftswachstum und Energieverbrauch in
                Deutschland 26
Abbildung 3: Akteure der Wertschöpfungskette 35
Abbildung 4: Produktzyklustheorie 46
Abbildung 5: Auswirkungen der Energie- und Umweltsteuer 57
Abbildung 6: Investitionen in Windenergieanlagen 2003 bis 2010 –
                Prognose 2011 67
Abbildung 7: Umsätze der WEA-Hersteller im Jahr 2010 67

Tabellenverzeichnis

Tabelle 1: Zeitrahmen Windenergie 11
Tabelle 2: Offshore-Entwicklung 13
Tabelle 3: Projektkosten 19
Tabelle 4: Abhängigkeit Energieimporte 24
Tabelle 5: Angaben der WEA-Hersteller 31
Tabelle 6: Verwendete Ressourcen 33
Tabelle 7: Deutsche Offshore-Häfen 38
Tabelle 8: Berufe in der Wertschöpfungskette 39
Tabelle 9: Anteil an erneuerbaren Energien 68

1 Einleitung

„Nichts ist mächtiger als eine Idee, deren Zeit gekommen ist."[1]

Das obere Zitat von Victor Hugo Zitat aus dem Jahre 1869 lässt sich auch auf unsere Zeit interpretieren. Spätestens seit dem Reaktorunglück in Fukushima wird der weltweiten Bevölkerung vor Augen geführt, welche Restrisiken durch Atomenergie entstehen können. Auch wenn die Atomenergie in Deutschland als sicher gilt, so ist es im Zuge der Energiewende ein wichtiger Schritt, einen für die Zukunft aufgelegten Energiemix anzubieten. Hierbei wird die Offshore-Windenergie eine substanzielle Rolle spielen. Da sich diese Technologie noch im Anfangsstadium befindet, ist es umso wichtiger diese effektiv zu fördern und Kapazitäten kontinuierlich auszubauen. Die Erzeugung von Strom durch Offshore-Windenergie senkt schließlich nicht nur die CO_2-Emissionen, sondern bildet vielmehr auch die Grundlage für einen neuen Wirtschaftszweig. Arbeitsplätze werden gesichert und neue direkt und indirekt geschaffen. Zudem werden neue innovative Produkte generiert, was gerade auch regional benachteiligten Regionen Wachstumsimpulse verspricht. Damit diese Potenziale auch vollständig abgerufen werden können und nicht an Deutschland vorbeiziehen, muss sich diese Art der Stromerzeugung sobald und so intensiv wie möglich in Deutschland durchsetzen.

1.1 Fragestellung und Ziele der Studie

Die Erzeugung von Offshore-Windenergie ist zurzeit noch mit relativ hohen Risiken, zum Teil unkalkulierbaren Kosten und Bürokratie verbunden. Zudem besteht zurzeit noch ein Mangel an Know-how, den es zu beseitigen gilt. Die entsprechende Förderung dieser Technologie ist ein wichtiger Schritt der Bundesregierung. Die vorliegende Studie hat sich zum Ziel gesetzt, die Anreizwirkungen der bundesdeutschen Förderung auf die Wertschöpfungskette im Offshore-Markt zu analysieren. Der Fokus der Arbeit richtet sich auf die Förderung durch das Erneuerbare-Energien-Gesetz (EEG). Die einzelnen

---

[1] Hugo, 1869.

Ketten der Wertschöpfung sollen mithilfe von Umfragen und Analysen untersucht werden, um einfach zu veranschaulichen, welche Anreize die Unternehmen in der Praxis tatsächlich erreichen und welche Auswirkungen sie auf die jeweilige Entwicklung der betroffenen Regionen haben.

2. Historische Entwicklung der Windenergie in Deutschland

Die historische Entwicklung der Windenergienutzung lässt sich grundsätzlich in sechs Phasen unterteilen: die Pionierphase (1970-1986), die Veränderungen im energiepolitischen Umfeld (1986-1990), der erste Windenergieboom (1991-1995), der Entwicklungsknick (Mitte der 1990er Jahre), ein zweiter Windenergieboom (1998-2002) sowie eine darauffolgende Konsolidierung und der Beginn der Offshore-Planung (ab 2002).

In der Pionierphase bzw. der Experimentierphase trug die Windenergie nur zu einem Bruchteil der Energieversorgung in Deutschland bei. In dieser Phase konnte man die Windenergieanlagen in zwei Lager trennen. Auf der einen Seite entstanden die Windenergieanlagen mit geringen Stromerzeugungskapazitäten, größtenteils für den Eigenbedarf von Landwirten sowie Ingenieuren und Bastlern. Auf der anderen Seite wurde mithilfe der Regierung versucht Großwindanlagen zu entwickeln. Diese Phase wurde zunehmend von der Ölpreiskrise sowie durch den Beginn der Anti-Atom-Kraft-Bewegung geprägt.

Die zweite Phase (1986-1990) wurde bestimmt durch die Kernschmelze im Reaktor von Tschernobyl. Durch diesen Super-GAU wurde der Bevölkerung vor Augen geführt, wie gefährlich die Atomenergie sein kann bzw. welche dramatischen Folgen durch sie entstehen können. Zudem wurden in den 1980er Jahren erste Studien zum Klimawandel veröffentlicht. Dies führte dazu, dass sich in Deutschland ein neues Umweltschutzbewusstsein entwickelte.

Desweiteren entstand eine neue Förderungspolitik. In den 1980er Jahren wurden die ersten Förderprogramme für die Windenergie in Schleswig-Holstein und Niedersachsen initiiert.[2]

Auf Bundesebene wurde das „250 MW Wind"-Förderprogramm aufgelegt, welches entweder als Investitionszulage oder als Zulage zur Einspeisevergütung in Anspruch genommen werden konnte. Windenergieanlagenbetreiber

---

[2] Vgl. Bruns 2008, S. 30-34.

wurden dadurch über 15 Jahre lang zusätzlich zu der Einspeisevergütung unterstützt.[3] Zusätzlich wurden auf Länderebene Förderprogramme aufgelegt. Durch diese Kombination aus Bund- und Länderfördermittel wurden starke Anreize für Unternehmen geschaffen, um in den Windenergiemarkt zu investieren.[4] Über 1 Mrd. Euro wurde von den Bundesländern von 1991 bis 2001 für erneuerbare Energien investiert, davon 14,5% in Windenergie.

In der dritten Phase (1991-1995) entstand eine neue Dynamik auf dem Windenergiemarkt. Der Markt wurde professioneller und kommerzieller. Hervorzuheben ist die Verabschiedung des Stromeinspeisungsgesetzes. So wurde eine berechenbare Grundlage zur Kalkulation der Vergütung für die Betreiber von Windenergieanlagen geschaffen. Weitergehend wurde die Effizienz der Anlagen mithilfe von technischen Innovationen deutlich gesteigert. Es entstand ein erhöhter Wettbewerb unter den Herstellern. Da auch die Anlagen immer größer wurden, mussten sich der Bund und die Länder mit der räumlichen Steuerung befassen, weil es zu ersten Konflikten mit dem Umwelt- und Naturschutz kam.

Das Stromeinspeisungsgesetz trat am 1. Januar 1991 in Kraft und leitete eine dynamische Entwicklung des Windenergiemarktes mit ein. Die Energieversorger waren von nun an verpflichtet, den in ihrer Region erzeugten Strom aus der Windkraft abzunehmen und mit mindestens 90% des Durchschnittserlöses der Stromabgabe an Endverbraucher des Vorjahres zu vergüten. Der Bund wollte hiermit ein Zeichen für die Bereitschaft der Reduktion der CO_2 Emission setzen.[5]

Das Bundesförderprogramm „250 MW" wurde massiv ausgebaut, was der Windenenergie zum Durchbruch verhalf. Es löste eine große Anzahl an Anträgen für neue Windenenergieanlagen aus.[6]

Die vierte Phase begann Mitte der 1990er Jahre und wird als Entwicklungsknick bezeichnet. Eine Verkettung verschiedener Problemen führte in dieser Phase zu einem Markteinbruch im Windenenergiesektor. Abzulesen ist der Einbruch an der sinkenden Beschäftigungszahl sowie der installierten Anlagen pro Jahr. Nach dem Boom kam es zu einer Konsolidierung in der Branche.

---

[3] Vgl. Heymann 1995,S. 425.
[4] Vgl. Staiß 2003, S. 162-163.
[5] Vgl. Kords 1993, S. 90-92.
[6] Vgl. Hoppe-Klipper 2003, S.87-88.

Förderprogramme liefen aus, Genehmigungsverfahren für neue Windenenergieanlagen zogen sich in die Länge. Allmählich bildete sich in der Bevölkerung Widerstand gegen neue große Windenergieanlagen und infolgedessen zögerten die Banken bei der Finanzierung neuer Projekte.

In der fünften Phase (1998-2002) kam es am Windenergiemarkt zu einem zweiten Boom. Dieser war möglich, da in den Jahren zuvor durch die Konsolidierung und den Wettbewerb die bestehenden Unternehmen bzw. Windanlagenbetreiber sich restrukturiert bzw. neu aufgestellt hatten. Zudem wurden durch eine rot-grüne Regierung auch in politischer Hinsicht neue Impulse gesetzt. So wurde die rechtliche Unsicherheit durch das Erneuerbare-Energien-Gesetz (EEG) beseitigt. Die neue Regierung hatte auch ein neues Klimaschutzprogramm ins Leben gerufen. Der Europäische Gerichtshof unterstützte die Vorhaben, indem er das Stromeinspeisungsgesetz mit dem EU-Recht vereinbar nannte. Dies führte zu neuem Optimismus bei den Investoren, Betreibern und den Anlagenherstellern. Hinzu kam der technische Fortschritt der die Anlagen noch effizienter werden ließ.[7]

In der sechsten Phase (ab 2002) lassen sich zwei neue Trends erkennen. Zum Einen stagniert der Onshore-Ausbau bzw. ist sogar rückläufig, zum Anderen entsteht ein neuer Sektor: die Offshore-Windenergie.[8](vgl. Tabelle 1) Dies bedeutet, dass eine Verlagerung der Stromerzeugung auf das offene Meer entsteht. Allerdings ist die technische Realisierung von Offshore-Standorten zu diesem Zeitpunkt noch recht kompliziert. Auch die Wirtschaftlichkeit wird noch in Frage gestellt. Es sind zudem keine ausreichenden Netzkapazitäten vorhanden. Dazu müssten sehr kostenintensive Hochspannungsleitungen von Nord- nach Süddeutschland gelegt werden, was auf zunehmenden Protest der lokalen Bevölkerung stößt.[9] Dennoch ist man sich in der Bundesregierung sowie bei den anderen beteiligten Akteuren sicher, dass die Offshore-Windenergie zentralisiert und industrialisiert werden soll, um im großen Maßstab bundesweit zur Energieversorgung beizutragen.[10][11]

---

[7] Vgl. KOM, 1997.
[8] Vgl. Bruns, 2008, S.16ff.
[9] Vgl. Haack, 2005, S. 22.
[10] Vgl. Dena, 2005.
[11] Vgl. Energie-Agentur, 2005.

Tabelle 1: Zeitrahmen Windenergie[12]

2.1 Bisherige Entwicklung der Offshore-Windenergie

Die Bundesregierung geht von einem enormen Potenzial für die Offshore-Windenergieerzeugung aus und hat sich daher zum Ziel gesetzt, dass bis zum Jahr 2020 mindestens 20% des Strombedarfs aus regenerativen Energien erzeugt werden. Damit dieses Ziel verwirklicht werden kann, muss das Offshore-Potenzial ausgeschöpft werden. Nach Plänen der Bundesregierung sollen bis zum Jahr 2030 Offshore-Windparks mit einer Leistung von ca. 20.000-25.000 Megawatt errichtet werden. Die Offshore-Windparks in der Nord- und Ostsee sollen rund 15% des Bedarfs in Deutschland decken. Somit wird der Offshore-Windenergie ein hoher Stellenwert beigemessen, um die Importunabhängigkeit zu gewährleisten.[13] Die Anfänge der ersten Offshore-Windparks gehen bis in die 1970er Jahre zurück. Die ersten Prototypen sind in den Niederlanden, Dänemark und Schweden gebaut worden. Bei diesen Projekten handelte es sich aber lediglich um kleine Anlagen in küstennahen Standorten, welche nicht wirtschaftlich betrieben werden konnten. Es handelte sich dabei um Anlagen der 500kW-Klasse. Danach entstanden EU-weit neue Projekte zum Thema Offshore-Windenergie. Beteiligt waren vor allem Energieversorger, Behörden sowie weitere Großkonzerne. Ab 2002 entstanden die ersten kommerzialisierten Offshore-WEA mit einer Nennleistung von bis zu 2 MW auf hoher See, basierend auf den Onshore-WEA mit speziellen Modifikationen. Somit hatten die ersten großen Offshore-Projekte eine Gesamtleistung von bis zu 160 MW.

---

[12] Eigene Darstellung i.A.a. Heymann, M. (1995) S.24.
[13] Vgl. BMU, 2007.

Um jedoch Offshore-WEA möglichst schnell wirtschaftlich zu betreiben, fokussieren sich die Betreiber und Hersteller auf immer höhere Megawattleistungen. So sind in der zweiten kommerzialisierten Generation von Offshore-WEA Leistungen von 3-5 MW gebaut worden. Gleichzeitig wurde jedoch an Anlagen mit 5 MW und mehr gebaut. So versuchen viele Hersteller direkt in der höchsten Klasse einzusteigen. Allerdings ist dies auch mit Risiken verbunden, da es einen enormen technischen Sprung unumgänglich macht. Die Kosten der Offshore-WEA sind jedoch sehr stark von ihrem Standort abhängig, z.B. von der Wassertiefe, vom Windangebot sowie der Netzanbindung. Die in Deutschland beantragten Projekte basieren auf Wassertiefen von 15-35 m und haben mehr als 50 km Weg zum Netzanschluss. Da für derartige Wassertiefen und Entfernungen noch keine Referenzprojekte existieren, muss das entsprechende technische Know-how noch entwickelt werden.[14] Diese Umstände sind durch gesetzliche Rahmenbedingungen von der Regierung geschaffen worden. Die folgende Grafik zeigt den aktuellen Stand(vgl. Tabelle 2):

---

[14] Vgl. Kühn, 2002.

Windpark	Wassertiefe (m)	Baubeginn	Leistung je WEA	Nennleistung in MW	Betreiber
in Betrieb					
Alpha Ventus	30	15.11.2009	5	60	EWE, Eon, Vattenfall
BARD Offshore1	40	01.03.2010	5	400	SüdwestStrom
Baltic 1	17	01.03.2010	2,3	48,3	EnBw
genehmigt					
Amrunbank West	25	01.05.2014	5	400	Eon
Borkum Riffgrund 1	29	01.05.2014	3,5	231	Dong Energy
Borkum Riffgrund West	30	31.12.2011	n.a.	280	Energiekontor AG
Borkum West 2	30	01.06.2011	5	400	Betreibergesllschaft Trianel
Butendiek	20	31.12.2011	n.a.	288	Bremer wpd Gruppe
DanTysk	31	31.12.2013	3,6	288	Vattenfall
Delta Nordsee 1	35	31.12.2011	5	240	Eon, Enova
Delta Nordsee 2	35	31.12.2014	6	192	Eon
Deutsche Bucht	40	31.12.2014	5	210	BARD
EnBW He dreiht	39	31.12.2013	5	595	EnBW
EnBw hohe See	39	31.12.2013	4,5	360	EnBW
Global Tech 1	33	31.12.2012	4,5	360	Windreich
Gode Wind 1	33	31.12.2011	5	400	PNE Wind
Gode Wind 2	34	31.10.2013	5	320	PNE Wind
Meerwind Ost+Süd	33	01.01.2012	3,6	2x288	Wind MW
MEG Offshore 1	33	31.10.2013	5	400	Windreich
Nordergründe	18	30.06.2012	5	125	Energiekontor AG
Nördlicher Grund	38	31.12.2011	3	240	German Capital GmbH
Nordsee Ost	33	31.12.2011	5	400, später 1250	RWE
Riffgat	24	01.08.2011	2,4	108	EWE, Enova
Sandbank 24	30	31.12.2011	3	240	Sandbank Power GmbH
Veja Mate	41	31.10.2012	5	400	BARD

Tabelle 2: Offshore-Entwicklung[15]

2.1.1 Politische Faktoren

Die in Deutschland herrschenden Rahmenbedingungen sind mit anderen Ländern nicht zu vergleichen, da hier die Offshore-Parks in größeren Entfernungen zur Küste errichtet werden und somit auch in tieferen Gewässern erbaut werden müssen. Dies hat Auswirkungen auf die zu benutzende Technik, Aufbau, Fundamente und Wartungsintervalle. Trotzdem hat sich die Bundesregierung ambitionierte Ziele gesetzt und möchte bis zum Jahr 2020 den Anteil der erneuerbaren Energien auf 20% erhöhen. Es wird sogar davon ausgegangen, dass auch ein Wert von 25% realistisch sei. 2050 soll der Anteil von erneuerba-

---

[15] Eigene Darstellung i.A.a. https://www.offshore-info.de/joomla/index.php/der-offshore-windkraft-markt/marktteilnehmer/uebersicht-projektierer-und-betreiber-von-windparks.

ren Energien am Primärverbrauch sogar bei 50% liegen. Ein besonders hoher Stellenwert wird der Offshore-Windenergie beigemessen. So soll sie einen möglichen Stromertrag von 85 bis 100 TWh liefern. Zurzeit wird die Energieversorgung durch konventionelle Energieträger sowie durch Atomkraft sicher gestellt. Da die Laufzeitverlängerung der Atomkraftwerke nach dem Reaktorunglück von Fukushima in Japan wieder rückgängig gemacht worden ist, werden die Erwartungen an die Offshore-Windenergie noch höher ausfallen. Das bedeutet, dass eine Energieeffizienzsteigerung zusammen mit dem Einsatz erneuerbarer Energien auch ohne Atomkraft die Versorgungssichert garantieren soll. Um diese Langfristziele zu erreichen, müssen konstant neue Offshore-Windenergieanlagen installiert werden. Damit dieses Vorhaben realisiert werden kann, hat die Regierung gesetzliche Maßnahmen, wie das EEG sowie das Infrastrukturplanungsbeschleunigungsgesetz aufgelegt.[16]

2.1.2 Gesetzliche Faktoren

Das EEG trat im April 2000 in Kraft. Seitdem wird es jedoch ständig angepasst, um sich der dynamischen Entwicklung der erneuerbaren Energien adäquat anzugleichen. So wird die nächste Änderung im Januar 2012 in Kraft treten. Das EEG bietet den Akteuren im Erneuerbare-Energien-Sektor stabile Rahmenbedingungen. Demnach erhalten die Betreiber über eine Dauer von 20 Jahren einen festen Vergütungssatz für ihren Strom. Der Vergütungssatz ist allerdings abhängig vom Standort und von der Technologie. Der Vergütungssatz ist degressiv festgelegt, um auch den EU-Richtlinien zu entsprechen sowie Anreize für technologischen Fortschritt und zur Kostenreduktion zu setzen. Desweiteren ist im EEG geregelt, dass der Strom aus Erneuerbare-Energien-Anlagen bevorzugt behandelt wird. Das bedeutet für die Betreiber eine garantierte Abnahmesicherheit sowie einen unverzüglichen Anschluss der Erneuerbare-Energien-Anlage ans Stromnetz. Das EEG wird benötigt, um die Benachteiligung zu den konventionellen Energieträgern auszugleichen. Kohle und Atomstrom wurden jahrzehntelang subventioniert und bilden somit keine fairen Marktpreise ab. Weitergehend werden die externen Kosten wie Umweltver-

---

[16] Vgl. BMU, 2007.

schmutzung und Emissionen nicht im Preis für Strom abgebildet. Die EEG-Förderung soll helfen, diese Ungleichheiten schneller auszugleichen, bis diese unter Wettbewerbsbedingungen am Markt kosteneffizient bestehen können. Mithilfe des EEG konnte von 1999-2009 der Anteil erneuerbarer Energien am Stromverbrauch von 5,4% auf 16% verdreifacht werden. Im Jahr 2009 konnten dank des EEG alleine 74 Millionen Tonnen CO_2-Emissionen eingespart werden. Das entspricht den jährlichen Emissionen vom EU-Staat Rumänien. Windkraftanlagen auf dem Festland erhalten eine Anfangsvergütung von 9,2 Cent/kWh. Nach dieser Anfangszeit verringert sich die Vergütung auf eine Grundvergütung in Höhe von 5,02 Cent/kWh. Bei Anlagen mit einem geringeren Ertrag kann sich der Zeitraum um zwei Monate je 0,75% Minderertrag verlängern, zu dem 150% Referenzertrag. Der Referenzwert richtet sich nach dem Typ der Windkraftanlage. Alle Windkraftanlagen, die vor dem 1.1.2014 in Betrieb genommen werden, haben einen Anspruch auf den Systemdienstleitungsbonus. Dieser kann realisiert werden, wenn die Voraussetzungen aus § 66 Abs. Ziff. 6 EEG erfüllt sind. Da die Kosten für Offshore-Windkraftanlagen deutlich höher sind, wurden die Vergütungssätze im Jahr 2009 erhöht. Die Offshore-Windanlagen erhalten die Anfangsvergütung über eine Dauer von zwölf Jahren. Zudem wird der Referenzertrag nicht berücksichtigt. Der Vergütungssatz beträgt in den Anfangsjahren 13 Cent je kWh. Diese Vergütung verlängert sich auch mit dem Abstand zur Küste: ab 12 Seemeilen um 0,5 Monate je Seemeile. Ab einer Wassertiefe von 20 Metern verlängert sich die Anfangsvergütung um 1,7 Monate je zusätzlichen Meter.[17] Die EEG Novelle 2012 verbessert noch einmal die Konditionen für den Wind auf See:

- So wird die Sprinterprämie (2ct/kWh) in die Anfangsvergütung hinzugefügt, sodass diese von 13 auf 15 ct/kWh steigt.
- Der Degressionsbeginn wird von 2015 auf 2018 verschoben.
- Einführung des Stauchungsmodells: Anfangsvergütung steigt auf 19 ct/kWh, wird aber nur acht Jahre lange ausgezahlt, statt wie zuvor zwölf Jahre. Im Anschluss daran bleibt die von Küstenentfernung und Wassertiefe abhängige Verlängerungsphase.

---

[17] Vgl. EEG-2011, 2011.

- Zur Erleichterung der Finanzierung wird das 5Mrd.-Programm der KfW Bank aufgelegt.
- Die Befristung der Netzanbindungspflicht wird gestrichen.[18]

Das am 17.12.2009 in Kraft getretene Infrastrukturgesetz regelt, dass die Netzbetreiber für den Anschluss der Offshore-Windparks sorgen müssen. Dies stellt eine enorme Entlastung für die Betreiber der Offshore-Windparks dar, denn die Netzanschlusskosten können bis zu einem Drittel der Gesamtkosten betragen.[19] Zudem werden auch die Leitungsverluste aus den Seekabeln von den Netzbetreibern übernommen. Die Kosten hierfür werden dann bundesweit umgelegt. Weil darüber hinaus die Windkraftleistung vom Norden Deutschlands in den Süden transportiert werden muss, muss auch das deutsche Hochspannungsnetz bis zum Jahr 2015 um 850 Kilometer wachsen. Die Kosten hierfür belaufen sich nach Schätzungen der Beteiligten Netzbetreiber auf über 1,1 MRD Euro.[20]

Die Erneuerbare-Energien-Branche ist ein starker Wachstumsmarkt geworden und hat bislang schon ca. 280.000 Arbeitsplätze geschaffen. An dieser Stelle wird nun deutlich, wie erfolgreich die Branche als das wichtigste Klimaschutzinstrument für Deutschland ist. Dieses erfolgreiche System wurde zum Teil sehr ähnlich in über 50 anderen Ländern übernommen.[21]

2.1.3 Treibende Faktoren

Gründe für eine schnelle Expansion der erneuerbaren Energien gibt es verschiedene. Zum Einen gefährden kontinuierlich steigende Ölpreise die Weltwirtschaft. Zusätzlich drohen militärische Konflikte um knappe Ressourcen. Auf der anderen Seite steigen mit der Nutzung von fossilen Energieträgern die CO_2-Emissionen. Somit ist es wichtig, frühzeitig Klimaschutzmaßnahmen zu ergreifen. Aus diesem Anlass hat die EU die Richtlinie 2001/77 EG zur Umsetzung aufgelegt.[22] Hier werden die EU Staaten dazu verpflichtet, geeignete Instrumente zu entwickeln, um die Zielvorgaben zum Ausbau der erneuerbaren

---

[18] Vgl. EEG-Aktuell, 2011.
[19] Vgl. Neue Energie, 2006, S.20.
[20] Vgl. Neue Energie, 2005, S.12.
[21] Vgl. EEG-Aktuell, 2011.
[22] Vgl. Europäisches Parlament, 2001.

Energien zu erreichen.[23] Ein weiterer wichtiger Faktor ist, dass die Weltenenergiebehörde von einem Anstieg des Energieverbrauchs um 40% bis 2020 ausgeht. Hiermit wird deutlich, dass ein Umdenken unumgänglich ist und man das Vorantreiben der erneuerbaren Energien ernsthaft forcieren muss.[24] Durch die Förderung erneuerbarer Energien entsteht ein ganz neuer Markt für die Beteiligten.[25] Es werden neue Arbeitsplätze geschaffen indem Industrieparks angesiedelt werden. So profitiert vor allem auch die regionale Wirtschaft vom Bau eines Offshore-Windparks. Es müssen z.B. Häfen ausgebaut werden, Windanlagenhersteller bauen neue Fabriken in Küstennähe und die gesamte Logistik muss aufgebaut werden. Somit müssen sich die Beteiligten an den Erneuerbaren Energien zum Ziel setzen, diese so schnell wie möglich wirtschaftlich betreiben zu können. Dazu sollen im folgenden Kapitel die Gesamtkosten bzw. die wirtschaftliche Betrachtung eines Offshore-Windparks analysiert werden.

3. Wirtschaftliche Betrachtung

Dieses Kapitel beschäftigt sich mit der betriebswirtschaftlichen Sichtweise von Offshore-Windparks. Es werden hier die verschiedenen Kosten aufgezeigt und analysiert.

3.1 Finanzierung

Die Finanzierung von Offshore-Windprojekten ähnelt der von Onshore-Windprojekten. Das bedeutet konkret, sie erfolgt in Form von Projektfinanzierungen. Das nötige Kapital für die Investitionen wird auf dem Kapitalmarkt beschafft. Das Eigenkapital wird meistens über Fonds durch Projektgesellschaften im privaten Sektor eingesammelt. Die Höhe des Eigenkapitals liegt in der Regel zwischen 10 bis 30 % des gesamten Investitionsvolumens. Bei der

---

[23] Vgl. BMU, 2010.
[24] Vgl. Espey, 2001, S.12.
[25] Vgl. Reiche, 2004, S.28.

Projektfinanzierung müssen alle laufenden Kosten aus dem Projekt finanziert werden.[26]

Weitere Kosten entstehen bei der Inbetriebnahme der WEA durch:

- Betriebspersonal
- Wartungskosten
- Kapitalkosten
- Grundstückskosten
- Versicherungskosten
- Steuern
- Verbandsbeiträge
- Sonstige

Die Haupteinnahmen der WEA werden durch den Stromverkauf generiert. Die Einnahmen aus den Stromverkäufen sind im EEG klar definiert und abhängig von der Wassertiefe sowie der Entfernung zur Küste. Weitere Einnahmen können zum Beispiel Zinseinnahmen aus Rücklagen darstellen. Diese spielen hierbei aber nur eine untergeordnete Rolle (vgl. 2.1.1 Politische Faktoren). Durch diese Subventionierung wird im Durchschnitt jeder deutsche Haushalt mit 5,15 Euro monatlich belastet.[27] Überschüssige liquide Mittel werden zum Aufbau von Rücklagen für unvorhersehbare Mindereinnahmen wie Betriebsstörungen und Schwachwindzeiten gebildet. Die restlichen liquiden Mittel werden dann als Dividende an die Kommanditisten und Anteilseigner ausgeschüttet.[28]

3.2 Projektkosten

Die Höhe der gesamten Projektkosten ergibt sich, wie die nachfolgende Grafik zeigt, aus den Betriebskosten und den gesamten Kosten für die Investition, welche aus den Investitionskosten und den Investitionsnebenkosten gebildet werden. (vgl. Tabelle 3)

---

[26] Vgl. Universität Kassel, 2001, S. 38.
[27] Vgl. BMU, 2011a.
[28] Vgl. Stadtwerke Northeim, 2010.

Tabelle 3: Projektkosten[29]

3.3 Gesamtes Investitionsvolumen

Die Kosten betragen pro installiertes MW für einen Offshore-Windpark ca. 2,5 Mio. Euro. Sie können jedoch je nach Standort abweichen und sind im Durchschnitt doppelt so hoch wie für einen Onshore-Windpark. Die DENA Netzstudie geht davon aus, dass im Jahr 2020 eine Leistung von 20.400 MW Strom vor der deutschen Küste produziert wird. Dies würde demnach 15% des deutschen Stromverbrauchs decken. Dieses Unternehmen würde ein gesamtes Investitionsvolumen von 50 Mrd. Euro haben.[30]

3.4 Investitionsnebenkosten

Den höchsten Kostenfaktor bei den Investitionsnebenkosten bilden die Netzanbindungskosten. Das deutsche Stromnetz muss massiv ausgebaut werden, um den Strom von der Küste abzutransportieren. Laut der DENA Netzstudie werden zusätzlich 850 Kilometer Hochspannungstrassen benötigt, um die Ziele der Bundesregierung zu verwirklichen. Dies würde die Netzbetreiber 1,1 Mrd. Euro kosten. Zusätzlich sind die Netzbetreiber dazu verpflichtet, die Verkabelung vom Windpark bis ins Stromnetz von jeder WEA zu gewährleisten.

---

[29] Eigene Darstellung i.A.a. Treder, 2004, S.15.
[30] Vgl. Bundesverband Windenergie, 2007.

3.5 Betriebskosten

Die Betriebskosten einer Offshore-WEA haben einen enormen Einfluss auf die Wirtschaftlichkeit. Die Kosten für Betrieb und Instandhaltung belaufen sich bei Offshore-WEA auf 20 bis 25 %. Der Anteil bei Onshore-WEA liegt lediglich bei 10 bis 15%. Die Erfahrungswerte der letzten Jahre zeigen, dass die Kosten für Betrieb und Instandhaltung teilweise bis zum dreifachen Wert des zuvor kalkulierten Budgets steigen können. Diese Kostenzunahme wurde vor allem bei Offshore-WEA der Multi MW-Klasse festgestellt. Der Kostenanstieg lässt sich dabei auf verschiedene Faktoren zurückführen. Ein Aspekt dabei ist, dass die neuen Anlagen in immer unwirtschaftlicheren Umgebungen aufgestellt werden und immer stärkere Turbinen verwenden. Dies führt dazu, dass viele Komponenten dieser Anlage noch nicht lange erprobt worden sind und somit Pilotcharakter besitzen. Das bedeutet, dass sich die Laufzeiten der Anlagen verkürzen. Ein weiterer Faktor ist, dass durch den Boom der letzten Jahre bei den Offshore-WEA die Wertschöpfungskette überfordert war bzw. nicht im Stande war die angefragten Kapazitäten bereitzustellen. Somit mussten Komponenten kurzfristig bei fremden Produktionsstätten geordert werden. Wie sich jedoch später zeigte, hatten diese Offshore-WEA überdurchschnittlich viele Fehler in Getrieben, Rotorblättern und Generatoren. Somit ergibt sich als ein besonders wichtiger Faktor, welcher zu erhöhten Kosten führt, der unplanmäßige Austausch von Ersatzteilen. So kostet ein neues Getrieboxlager im Einkauf lediglich 2000 Euro, jedoch steigen die Kosten für den unplanmäßigen Austausch eines solchen Lagers auf bis zu 200.000 Euro an. Es wird angenommen, dass im Jahr 2030 die Kosten für Betrieb und Instandhaltung bei 10 Mrd. Euro liegen werden. Umso wichtiger sind somit vorausschauende und präventive Instandhaltungsstrategien, um langfristig unnötige Kosten zu vermeiden bzw. das wirtschaftliche Risiko zu minimieren.[31]

---

[31] Vgl. Umweltmagazin, 2011, S.60.

3.6 Stromentstehungskosten

Onshore-WEA erreichen an guten Standorten heute schon Stromentstehungskosten, die im Bereich von konventionellen Kraftwerken liegen. Sie belaufen sich auf Werte, die zwischen 0,06 und 0,08 Euro/kWh liegen. Die Offshore-WEA erreichen selbst, trotz höherer Volllaststunden, Werte zwischen 0,10 und 0,14 Euro/ kWh. Der Unterschied liegt vor allem darin, dass die Betriebskosten und die Installation auf dem Meer deutlich teurer sind. Somit haben die Offshore-WEA noch keine wettbewerbsfähigen Stromentstehungskosten. Offshore-WEA, die in Küstennähe liegen, erreichen durchschnittlich 0,145 Euro/kWh. Offshore-WEA hingegen, welche einen küstenfernen Standort beziehen, erreichen bereits jetzt 0,117 Euro/kWh. Jedoch sind bei diesen die Installation, die Betriebskosten und die Netzanbindung deutlich teurer.[32]

3.7 Kostensenkungspotenziale

Offshore-WEA können im Durchschnitt noch nicht zu wettbewerbsfähigen Preisen Strom produzieren. Somit ist es für die zukünftige Entwicklung von enormer Bedeutung, Kostensenkungspotenziale zu erkennen und zu fördern. Offshore-Parks werden erst durch eine hohe Anzahl von Turbinen wirtschaftlich. Das bedeutet, dass man die Kosten in Zukunft durch Serienfertigung, größere Einkaufsvolumina und Lerneffekte eindämmen kann. So könnten zudem auch Synergieeffekte der verschiedenen Betreibergesellschaften genutzt werden. Wenn es die geografische Lage zulässt, könnten z.B. mehrere Offshore-Windparks über ein gemeinsames Seekabel verbunden werden, um den Strom ans Land zu transportieren.[33] Nach einer Studie von PWC ergibt sich weiteres Kostensenkungspotenzial im Errichtungsablauf eines Offshore-Windparks. Durch die aktuell zu erwartende Konjunkturerholung sollten sich die Preise für Baustoffe wie Stahl und Beton, welche einen erheblichen Anteil an der Investitionssumme haben, nicht senken sondern eher steigen. Weiterhin ist fraglich, ob man zusätzlich durch größere Einkaufsvolumina die Preise bei

---

[32] Vgl. Fraunhofer-Institut für Solare Energiesysteme, 2010, S.13.
[33] Vgl. Universität Kassel, 2001, S. 49.

den Lieferanten senken könnte, weil deren Produktionskapazitäten vollständig ausgelastet würden bzw. es sogar jetzt schon zu Lieferengpässen kommt und die Abnehmer zu Zukäufen von fremden Herstellern gezwungen werden.

3.8 Rendite und Ausblick

Eine aktuelle Studie von KPMG hat ergeben, dass bei einem Offshore-Windpark-Projekt mit einer Rendite von zurzeit 7% gerechnet werden kann. Diese Rendite ist allerdings auch mit weniger risikoreichen Projekten bzw. auch mit dem Bau von Offshore-Windparks in Großbritannien zu erzielen. Dies ist ein wichtiger Grund, warum bisher nur ein kommerzieller Offshore-Windpark (Baltic1) in Betrieb genommen worden ist. Hinzu kommt, dass dieser Offshore-Windpark vergleichsweise klein ist, denn sogar der Prototyp Park Alpha Ventus ist größer. Zudem dauern Genehmigungsverfahren zum Bau der erforderlichen Hochspannungstrassen 10-15 Jahre. Diese Faktoren erschweren die Finanzierung von neuen Offshore-Parks durch Banken. Dies ist auch ein Grund, warum die großen Energieversorger Eon, RWE, Vattenfall und ENBW im Ausland schon längst Offshore-Windparks errichten und sich in Deutschland lediglich die Genehmigungen sichern.[34] Dies erklärt das Hinauszögern von Projekten. Die Stromkonzerne haben ein Interesse daran, die Förderkonditionen weiter zu verbessern um gleichzeitig die Rendite für sich selber zu erhöhen. Sie begrüßen daher die neusten Änderungen im EEG wie z.B. die Beibehaltung des Sprinterbonus, bei dem die Anfangsvergütung von 15 ct/ KWh für Offshore-Strom auch nach 2015 erhalten bleibt. Zudem plant die Regierung ein sogenanntes Stauchungsmodell einzuführen, bei dem die Gesamtförderung zwar gleich bleibt, aber schon nach 9 Jahren vollständig abgerufen werden kann. Weitergehend wird ein höherer Vergütungssatz von bis zu 19 ct/kWh gefordert. Hierdurch würde sich die Projektrendite erhöhen und die Finanzierung dieser sehr langfristigen Projekte vereinfachen.[35] Die Betreiber hätten somit in den ersten neun Jahren höhere Renditen zu erwarten und könnten im Anschluss den Strom aus den abgeschriebenen WEA zu Marktpreisen anbieten.

---

[34] Vgl. Spiegel Online, 2011.
[35] Vgl. Windenergie-Agentur, 2011.

4. VWL-Sichtweise

Deutschland ist mit ca. 82 Mio. Einwohnern auf einer Fläche von 357.104 qkm das bevölkerungsreichste Land der EU. Die Bevölkerungsdichte liegt bei 229 Einwohnern pro qkm. Es liegt eine föderale Struktur auf drei Ebenen vor, das bedeutet Bund, Länder und Kommunen. Da Deutschland und China die größten Exportnationen der Welt sind, wurde auch Deutschland im Zuge der Weltwirtschaftskrise durch den Einbruch der Nachfrage an deutschen Gütern stark negativ beeinflusst. Aktuell befindet sich die Bundesrepublik in einem starken Aufschwung. Die Arbeitslosenquote ist auf 6,9% gesunken und die Wirtschaft wächst mit einem BIP von 3,3, trotz der Euro-Krise um die Verschuldung von Griechenland, Portugal und Irland, stabil. Auch die hohe US-Staatsverschuldung bzw. die Diskussionen um eine nötige Anhebung der Staatsoberschuldengrenze konnten dieses Wachstum nicht beeinflussen. Deutschland ist, gemessen an seinem pro Kopf Energieverbrauch, einer der größten Energieverbraucher der Welt. Zudem besteht bei der Industrienation Deutschland gerade bei den Energieträgern eine enorme Rohstoffabhängigkeit. Die Energieimporte beschränken sich zudem auf einige wenige Länder, was langfristig gefährlich werden kann. Diese makroökonomische Einordnung ist deswegen von großer Bedeutung, da die gesamtwirtschaftliche Lage, die Ressourcen, die Infrastruktur und die gesellschaftlichen Ansichten zu einem großen Teil die Struktur des Energiesystems von Deutschland beeinflussen.[36][37]

4.1 Energieimporte

Die Importquote von Energieträgern ist in Deutschland in den letzten Jahren rasant gestiegen. Zurzeit werden ca. 75% der benötigten Energieträger importiert. Die Tendenz ist weiter steigend, da die Vorräte an Öl und Gas begrenzt sind und der Anteil der in Deutschland geförderten Steinkohle immer geringer wird. Die Kosten sind trotz hoher Subventionen immer noch hoch. Die Kohlesubventionen kosten den Steuerzahler ca. 2 Mrd. Euro pro Jahr.[38] Zudem sollen

---

[36] Vgl. Reiche, 2005, S.279-280.
[37] Vgl. Statistisches Bundesamt Deutschland, 2011.
[38] Vgl. BMWi, 2010a.

ab 2014 auf Druck der EU hin die Förderzahlungen komplett eingestellt werden. Die Grafik verdeutlicht, dass 97% des Ölbedarfs, 82% des Bedarfs an Erdgas, 60% des Bedarfs an Steinkohle und 100% des Bedarfs an Uran bereits jetzt importiert werden müssen. Ein weiteres Problem ist, dass die wichtigsten Energiereserven auf nur wenige Länder verteilt sind. So sind zum Beispiel über 60% der weltweiten Erdölreserven im Nahen Osten, über 30% der Erdgasreserven liegen in Russland und über 80% des weltweit verfügbaren Urans verteilt sich auf lediglich vier Länder. Es wird somit deutlich, dass die wichtigen Energieressourcen auf Regionen verteilt sind, die politisch relativ instabil sind, was die Gefahr von weiter steigenden bzw. volatilen Preisen birgt sowie zu weiteren Konflikten führen kann. Dies verdeutlicht, weshalb der Ausbau der Offshore-Windenergie weiter vorangetrieben werden muss, um eine steigende Abhängigkeit von den Energieexporteuren zu vermeiden [39] [40] (vgl. Tabelle 4).

Deutschlands Energieimporte			
Bedarf an Rohstoffen in Megatonnen Steinkohleeinheiten (SKE) 2004			
	Gesamtmenge	Einfuhr in %	Eigenförderung in %
Mineralöl	179	97	3
Erdgas	110	82	18
Steinkohle	66	60	40
Braunkohle	66	0	100
Uran	62	100	0
Wasser, Wind, Solar	6	0	100
Sonstige	13	0	100

Tabelle 4: Abhängigkeit Energieimporte[41]
Quelle: In Anlehnung an.

---

[39] Vgl. BMU, 2011b.
[40] Vgl. BMWi, 2011a.
[41] Eigene Darstellung i.A.a.
http://www.bpb.de/themen/PAYLME,0,0,Energie_in_Deutschland.html.

4.2 Energieeffizienz

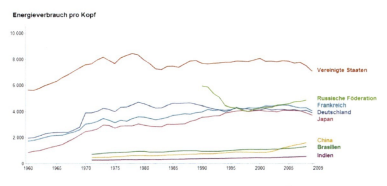

Abbildung 1: Energieverbrauch Vergleich pro Kopf[42]

Der Energieverbrauch in Deutschland wird zum Einen von der Bevölkerungsentwicklung beeinflusst. Die Anzahl der Haushalte bzw. der Einwohner bestimmt den Energieverbrauch insofern, da die jeweilige Wohnfläche beheizt werden muss. Haushalte, Industrie und Verkehr haben zusammen einen etwa gleich hohen Anteil am Energieverbrauch in Deutschland (vgl. Abbildung 1). Einen großen Einfluss auf den Energieverbrauch hat auch die Konjunktur. Neben dem aktuellen Aufschwung in Deutschland steigen vor allem auch die Aufträge der produzierenden, verarbeitenden und energieintensiven Industrien. Steigende Kapazitätsauslastungen führen zu einem erhöhten Energieverbrauch in der Industrie. Die Grafik zeigt den weltweiten pro-Kopf-Energieverbrauch einiger Industrienationen im Vergleich zu den BRIC-Staaten. Hier zeigt sich, dass die hoch entwickelten Länder einen deutlich höheren Energieverbrauch haben als die Schwellenländer. Der Energiebedarf in den BRIC-Staaten steigt aber mit zunehmender Wirtschaftleistung und zunehmenden Wohlstand rasant an.[43]

---

[42] Eigene Darstellung.
[43] Vgl. BMWi, 2011b.

Abbildung 2: Vergleich Wirtschaftswachstum und Energieverbrauch in Deutschland[44]

Hieraus wird also deutlich, weshalb eine Steigerung der Energieeffizienz von enormer Bedeutung ist. Dies bedarf in der Regel jedoch Zeit, Einsatz von Sachkapital und innovativen Technologien. Die Grafik zeigt, dass die Energieintensität seit 1990 im Durchschnitt um 2% gesenkt werden konnte, trotz stetig steigender Wirtschaftsleistung (vgl. Abbildung 2). Als Gründe sind hierfür Energieeffizienzmaßnahmen, Modernisierungen von Anlagen und Verbesserungen der Produktionsprozesse zu nennen. Desweiteren kommen einmalige Effizienzgewinne im Rahmen der Wiedervereinigung Deutschlands hinzu. Zusätzlich lässt sich feststellen, dass energieintensive Unternehmen ihre Standorte ins Ausland verlagert haben. Die Bundesregierung fördert die Energieeffizienz international weiter, indem sie Förderprogramme wie "Exportinitiative Energieeffizienz Made in Germany" aufgelegt hat, um deutsche Anbieter von Produkten und Dienstleistungen zu fördern, die in Länder mit einem hohem Wirtschaftswachstum bzw. in Industriemärkte mit strategischer Bedeutung exportieren. Hierdurch wird auch ein Wissenstransfer zur Energieeinsparung in andere Länder gewährleistet. Hinsichtlich der erbrachten Wirtschaftsleistung in

---

[44] Statistisches Bundesamt

Relation zu dem dafür eingesetzten Energiebedarf nimmt Deutschland zusammen mit Japan weltweit gesehen aktuell einen Spitzenplatz ein.[45]

4.3 Energiepolitik

Das Bundesministerium für Wirtschaft und Technologie besitzt in der energiepolitischen Gestaltung die Entscheidungsmacht. Hauptsächlich verfolgt es die Ziele der Umweltverträglichkeit, der Versorgungssicherheit und der Wirtschaftlichkeit. Das Hauptanliegen hinsichtlich der Umweltverträglichkeit ist es, den Klimaschutz voranzutreiben. Es sollen erneuerbare Energien ausgebaut werden und die Energie effizient eingesetzt werden. Die Emissionsvermeidung bzw. -minderung muss jedoch unbedingt nicht nur auf nationaler Ebene sondern auch in der EU und weltweit umgesetzt werden, um den Industriestandort Deutschland in seiner Wettbewerbsfähigkeit nicht zu gefährden. Bei der Versorgungssicherheit geht es in erster Linie darum, die Nachfrage nach Energie zu decken. Außerdem muss die Gewährleistung der Rohstoffimporte gesichert werden und sich zudem auf mehr weltweite Bezugsquellen verteilen. Nach dem Fukushima-Unglück in Japan hat die Bundesregierung beschlossen, die Laufzeitverlängerung für Atomkraftwerke zurückzunehmen und sich auf einen vorzeitigen Ausstieg aus der Kernenergie bis zum Jahr 2022 geeinigt. Zurzeit sind in Deutschland acht Atomkraftwerke stillgelegt, wobei Gas- und Kohlekraftwerke zur Überbrückung von Engpässen gerade im kommenden Winter wieder hochgefahren werden.[46] Mit dem Ziel der Wirtschaftlichkeit verfolgt das Ministerium, Wettbewerb und marktwirtschaftliche Rahmenbedingungen zu schaffen. So wird zum Beispiel die EU-weite Liberalisierung für Strom und Gas vorangetrieben, um faire Marktpreise durchzusetzen, von denen dann die Industrie und der Endverbraucher profitieren.[47]

---

[45] Vgl. BMWi, 2011c.
[46] Vgl. FAZ, 2011.
[47] Vgl. Sueddeutsche, 2011.

4.4 Potenziale Offshore-Windparks

Das Ziel der Offshore–Pläne der Bundesregierung ist es, bis zum Jahr 2030 ca. 25.000 MW Windkraftleistung auf dem Meer zu installieren. Wenn man hier noch die installierten WEA-Onshore hinzurechnet, wäre es möglich, bis zu 25% des Stroms für Deutschland durch Windkraft zu decken. Die EU–Kommission beauftragte daher eine Arbeitsgruppe, das EU-weite Gesamtpotenzial festzustellen. Diese Arbeitsgruppe kam zu dem Ergebnis, dass eine installierte Offshore-Windkraftleistung von bis zu 140.000 MW möglich ist. Die Flächen, die in Deutschland dafür in Frage kommen, liegen zum größten Teil in der AWZ (Ausschließliche Wirtschaftszone). Dies bedeutet in der Praxis, dass die Projektplanungen von Küstenentfernungen zwischen 30-100km sowie von Wassertiefen ab 25 bis 40 Meter ausgehen. Die Küstenentfernungen sowie die damit einhergehende Wassertiefe resultieren aus Kompromisslösungen. So mussten bei den Planungen sowohl touristische Interessen, Aspekte des Naturschutzes, als auch Schifffahrtswege berücksichtigt werden. Damit die Offshore-WEA auch in diesen Entfernungen und Wassertiefen wirtschaftlich betrieben werden können, müssen die Projektplaner mit hohen Windparkleistungen und somit mit großen Anlagen planen bzw. diese erst noch serienreif entwickeln. Um diese speziellen Anforderungen zu lösen, muss die gesamte Wertschöpfungskette eng zusammen kooperieren. Dazu ist es nötig, dass die Betreiber, die Hersteller, die Logistik und die Offshore-Dienstleister sich diesen Herausforderungen gemeinsam stellen und Lösungen entwickeln.[48]

5. Wertschöpfungskette

Es gibt zahlreiche Definitionen des Begriffs der Wertschöpfungskette. In der sowohl deutschen als auch englischen relevanten Literatur begegnet man jedoch häufig dem Begriff 'Supply Chain'. Handfield / Nichols definieren die Supply Chain wie folgt „*The supply chain encompasses all activities with the flow and transformation of goods from the raw materials stage (extraction),*

---

[48] Vgl. Windenergie-Agentur, 2011.

through to the end user, as well as the associated information flows."[49] Andere Autoren stellen die Leistungserstellung der Supply Chain mit den verbundenden Beschaffungs-, Produktions- und Distributionsprozessen in den Vordergrund.[50] Auch die institutionelle Sichtweise nach Ross ist durchaus populär:

„The modern supply channel is composed of a series of closely networked internal organizations and independent companies that extends from primary and secondary suppliers at the beginning of the channel to the customers and their customers that mark the furthest extension of channel output."[51]

Zusätzlich zu diesen unterschiedlichen Perspektiven muss man auch die Struktur der Supply Chain berücksichtigen. In der deutschen Literatur wird der Begriff der Supply Chain nicht selten durch den Begriff der Wertschöpfungskette oder Versorgungskette beschrieben.[52] Hierdurch werden eine Verkettung der Elemente sowie eine Linearität angenommen bzw. suggeriert. Diese Veranschaulichung ist aber nicht ausreichend, da eine Wertschöpfungskette ein komplexes Gebilde darstellt, in dem alle Akteure der Wertschöpfungskette bzw. der Supply Chain miteinander agieren. Zudem sollte berücksichtigt werden, dass eine Wertschöpfungskette auf mehrere Endprodukte bzw. Endproduktgruppen einwirkt. Außerdem zeigt uns die Praxis, dass ein Unternehmen für gewöhnlich mehreren, sogar untereinander konkurrierenden Wertschöpfungsketten angehört.[53] Genau genommen stellt eine Wertschöpfungskette also eher ein Netzwerk dar. Swamithan/Smith/Sadeh definieren wie folgt:

„A supply chain can be defined as a network of autonomous or semiautonomous business entities collectively responsible for procurement, manufacturing and distribution activities associated with one or more families of related products."[54]

---

[49] (Robert Handfield and Ernest Nichols, 1998, S.2.)
[50] Vgl. Klaus, 1998, S.61.
[51] Vgl. Ross, 1997, S.24.
[52] Vgl. Kuhn und Hellingrath 2002, S.12.
[53] Vgl. Wildemann, 2008, S. 9-12.
[54] Decision Sciences, 1998, S.607.

5.1 Grundlagen / Probleme

Nach einer Befragung im Rahmen der POWER-Studie (University of Flensburg, Logistik-Service-Agentur Bremerhaven, ipc-projectmanagement Lübeck, 2005) von 30 Unternehmen aus der Windenergiebranche wurden folgende Problemschwerpunkte in Form von Engpässen und Marktbarrieren herausgefiltert:

- Kabellizenzierung
- Verfügbarkeit der richtigen Stahlmengen
- lange und kostenintensive Lizenzverfahren
- fehlende Teststandorte
- fehlende Verkehrs - und Hafeninfrastruktur für die neue Anlagengröße
- Finanzierung und Versicherung

Die Logistik ist bei der Erstellung eines Offshore-Windparks von enormer Bedeutung, gleichzeitig wird sie vor hohe Anforderungen gestellt. Als nicht planbarer Unsicherheitsfaktor kommt das Wetter hinzu. Die Wetterlage hat nicht nur Einfluss auf den Transport, sondern auch auf die Montage auf See. Beides kann nur bis zu einer bestimmen Windstärke sowie Wellenhöhe und innerhalb eines bestimmten Zeitfensters im Jahresverlauf stattfinden. Die Höhe der Logistikkosten beträgt 15-20% des gesamten Investitionsvolumens.[55] Hier wird erkennbar, dass durch eine Effizienzsteigerung ein hohes Potenzial besteht, um einen Offshore-Windpark noch wirtschaftlicher zu betreiben.[56]

5.2 Aufbau und Logistik eines Windparks

Der Aufbau eines Windparks kann wie folgt dargestellt werden:

- Gründungskörper
- Seekabel zur Anbindung
- Transformator
- WEA

---

[55] Vgl. Universität Flensburg, 2005.
[56] Vgl. Arndt, 2010, S.34.

Diese vier Elemente stellen die Grundkomponenten dar. Aufgrund der großen Wassertiefen in der AWZ ist die Verankerung der Gründungsköper kostenintensiv und benötigt einen hohen logistischen Aufwand. In solchen Wassertiefen müssen Tripod-Fundamente eingesetzt werden.[57] Zusätzlicher Aufwand entsteht durch die Verlegung der Seekabel, um die einzelnen WEA mit dem Transformator zu verbinden und den Strom zur Küste zu transportieren. Die WEA der Multimegawattklasse haben einen Rotordurchmesser von über 100 m. Die wichtigsten Hersteller sind Multibrid, REpower, Enercon, Vestas, Siemens und GE Energy. Die Nabenhöhe bei den WEA dieser Hersteller beträgt zwischen 80 und 125 m. Ein Rotorflügel wiegt etwa 20 t. Das Gewicht einer Gondel und eines Rotors liegt je nach Hersteller zwischen 210 und 500 t. Der Turm, der sich aus mehreren Segmenten bzw. Teilen zusammensetzt wiegt zwischen 200-300 t. Die folgende Tabelle führt die Angaben der jeweiligen Hersteller konkret auf (vgl. Tabelle 5):

Bezeichnung	Hersteller	Nennleistung MW	Rotordurchmesser m	Turmkopfgewicht kg
M5000	Multibrid	5	116	310
5M	Repower	5	126	410
V120	Vestas	4,5	120	210
3,6 MW	Siemens	3,6	107	215
3,6s	GE Energy	3,6	104	295

Tabelle 5: Angaben der WEA-Hersteller[58]

Eine Wertschöpfungskette für WEA-Komponenten umfasst den Materialfluss von den Produktionsstandorten der Zulieferer und des Herstellers, Montage und Umschlagstandorte des Herstellers. Hinzukommen weitere Zulieferer, Logistikdienstleister und Offshore-Basishäfen. In den Basishäfen können dann weitere Produktions- oder Montagetätigkeiten vorgenommen werden. Die Komponenten einer WEA setzen sich in ihrer Anzahl wie folgt zusammen:

---

[57] Tripod: Dreibein-Fundament.
[58] Eigene Darstellung i.A.a. Gabriel, 2007, S.31.

- Turmsegment (3)
- Rotorwelle (1)
- Antriebsstrang (1)
- Rotorblatt (3)
- Gondel (1)
- Gondelgehäuse (1)

Da man bereits die Notwendigkeit der Komponenten kennt, die für den jeweiligen Windpark gebraucht werden, spricht man in der Literatur auch von einer Projekt Supply Chain. So lässt sich der logistische Produktionsprozess als eine Mischform aus den Prinzipien make-to-stock[59] und assemble-to-order bezeichnen.[60] Darüber hinaus handelt es sich bei den Komponenten eines Windparks nicht um standardisierte Teile, wie man sie aus dem Anlagenbau kennt, sondern um große, schwere und anspruchsvoll zu montierende und transportierende Teile. Diese enormen Ausmaße benötigen in der gesamten Wertschöpfungskette den Anforderungen entsprechende Hub- und Transportmittel (Kranspezialschiffe, Pontons und Hafentransporter) mit hohen Traglasten für Umschlag, Montage und Transport. Für den Transport können unter anderem Straßen, Binnenseewege und Seewege benutzt werden. Hinsichtlich des Verkehrsträgers Straße muss allerdings beachtet werden, dass dieser aufgrund der großen und schweren Transporte, der für gewöhnlich hohen Verkehrsdichte und der begrenzten Maße sowie Belastbarkeit der Straßen in Deutschland nur eingeschränkt nutzbar ist. Die folgende Abbildung zeigt die eingesetzten Ressourcen in der Wertschöpfungskette (vgl. Tabelle 6).[61]

---

[59] Make- to- stock: Kundenbestellung ist sofort verfügbar
[60] Assemble- to- order: Endfertigung erfolgt erst bei tatsächlichem Kundenauftrag
[61] Vgl. Schmelcher, 2000, S.508-540.

Ressourcen				
Arbeitsmittel	Personal	Transportmittel		
			Geschw.	Transportgut
Stapler	Arbeiter	Binnenschiff	10 km/h	Turmsegment/Rotoblatt/ Gondelgehäuse/Gondel
Reachstacker	Staplerfahrer	Binnenponton	10 km/h	Turmsegment/Rotoblatt/ Gondelgehäuse/Gondel
Jack-up Plattform	Kranführer	Seeponton	10 km/h	Turmsegment/Rotoblatt/ Gondelgehäuse/Gondel
Mobilkran	Zugmaschinenführer	Hafentransporter	12 km/h	Gondel
Zugmaschine	Einweiser	Kranschiff	16 km/h	Turmsegment/Rotoblatt/ Gondel
		LKW mit Trailer	40 km/h	Antriebstrang / Rotorwelle
		Schwerlasttransporter	30 km/h	Rotorblatt

Tabelle 6: Verwendete Ressourcen[62]

5.3 Varianten der Offshore-Logistik

Aktuell werden für die Montage der Hauptkomponenten und den Aufbau auf See verschiedene Logistikvarianten diskutiert. Hintergrund der Diskussionen ist die Vormontage der Komponenten. Es gibt unterschiedliche Ansätze inwieweit die Komponenten bereits vormontiert werden sollten. Die Entscheidung hierüber beeinflusst direkt die zum Einsatz benötigten Transportmittel (Größe und Tragfähigkeit).

5.3.1 Variante 1

Die Komponenten werden mithilfe von Seeschiffen oder Pontons zur Baustelle transportiert. Hier werden sie mithilfe einer Jack-up Plattform zu einer funktionierenden Anlage verbaut. Mehrere Häfen können hierbei durch die Seeschiffe angefahren werden.

---

[62] Eigene Darstellung i.A.a. Gabriel, 2007, S.34.

5.3.2 Variante 2

In nur einem Basishafen werden alle vormontierten Teile aufgenommen (Gondel, Turmsegmente und Rotorblätter). Hierfür ist ein Spezialschiff notwendig, welches die aufgenommen Teile dann auf der Baustelle mit Hilfe des Bordkrans mit dem Gründungskörper verbinden kann. Der Nachteil hierbei ist, dass so ein Spezialschiff wie z.B. die M/V Sea Power von A2SEA sehr hohe Betriebskosten mit sich bringt.

5.3.3 Variante 3

In Variante 3 ist die gesamte WEA im Basishafen bereits vormontiert und muss dann nur noch von einem Spezialschiff zur Baustelle transportiert werden, um dort mit dem Fundament verbunden zu werden.[63]

Zusammenfassend lässt sich die Struktur einer Supply Chain wie folgt darstellen:

Transportnetze

- Straße
- See
- Binnenwasserstraße

Leistungsstellen

- Produzent
- Montage
- Lager
- Windpark[64]

5.4 Akteure der Wertschöpfungskette

Neben den direkten Akteuren der Wertschöpfungskette, die am logistischen Prozess beteiligt sind, wie z.B. Generalunternehmer, Logistikdienstleister,

---

[63] Vgl. Asaha, 2002.
[64] Vgl. Gabriel, 2007, S.35ff.

WEA-Hersteller, Zulieferer und Konstrukteure, darf man auch die Rolle der indirekt Beteiligten nicht außer Acht lassen. So zählen hierzu die Behörden, welche die Genehmigungen erteilen und die Energieversorgungsunternehmen, die die Anbindung ans Netz sicherstellen müssen. Eine zentrale Rolle bei der Errichtung eines Offshore-Parks spielt die Projektplanungsgesellschaft. In dieser werden alle wichtigen Verträge mit Versicherungsunternehmen, WEA-Herstellern, Wartungsfirmen, Energieversorgern etc. gebündelt. Die Genehmigungen werden auch über die Projektplanungsgesellschaft gestellt.[65] Jedoch zeichnet sich eine Verschiebung dieser Konstellation im Offshore-Bereich ab. So beauftragt die Projektplanungsgesellschaft ein Generalunternehmen mit der Errichtung eines schlüsselfertigen Windparks zu einem festgelegten Preis und Datum. Das Generalunternehmen ist nun zuständig für die Herstellung des Windparks. Es koordiniert den Aufbau und die Installation der Fundamente, Seekabel, Netzanschluss, Transformator und WEA. In der Praxis sind Generalunternehmen hauptsächlich Baudienstleister, WEA-Hersteller und Energiekonzerne oder Kommunen. Im Folgenden zeigt eine Abbildung die Koordinierung innerhalb der Wertschöpfungskette (vgl. Abbildung 3).

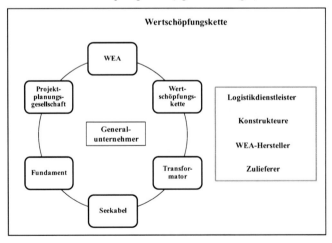

Abbildung 3: Akteure der Wertschöpfungskette[66]

---

[65] Vgl. Tony Burton, Nick Jenkins, David Sharpe und Ervin Bossanyi, 2011, S.553.
[66] Eigene Darstellung i.A.a. Gabriel, 2007, S.38.

Zusätzliche Akteure der Wertschöpfungskette sind die Windparkbetreiber (Anteilseigner oder Fremdkapitalgeber), Bundes- und Landesbehörden, die Energieunternehmen, die für die Einspeisung zuständig sind, und die jeweiligen Hersteller von Fundament, WEA, Seekabel und Transformator und deren Zulieferer. In der AWZ wird die Genehmigung für den Betrieb und den Bau durch das Bundesamt für Seeschifffahrt und Hydrografie erteilt. Die direkten Akteure bleiben jedoch die im Folgenden genannten:

WEA-Hersteller
Hier werden die entsprechenden Spezifikationen der Anlage vorgegeben. Die Montage der einzelnen Komponenten wird an Land selbst oder mit Hilfe von Zulieferern durchgeführt. Der Aufbau auf See wird dann von maritimen Konstrukteuren vollzogen.

Maritime Konstrukteure
Diese Unternehmen sind für die Montage der Teile auf See verantwortlich. Hierzu werden auch die Betreiber der Spezialschiffe gezählt.

Zulieferer
Die Zulieferer produzieren von C-Materialien bis hin zu ganzen WEA-Modulen alles, was für den Bau einer WEA notwendig ist.

Logistikdienstleister
Unternehmen der Logistik übernehmen alle nötigen Transporte und Umschläge der benötigten Komponenten auf den möglichen Transportwegen See, Binnensee und Straße mit den dazu erforderlichen Transportmitteln.

Generalunternehmen
Das Generalunternehmen trägt die Verantwortung für die Errichtung des Windparks. Es beauftragt somit alle beteiligten Akteure zur Produktion, Be-

schaffung, Aufbau und Transport der erforderlichen Teile und steht als zentraler Ansprechpartner zur Verfügung in der Wertschöpfungskette.[67]

5.5 Häfen als Standortvorteil

Die richtigen Häfen sind für den Bau von Offshore-Windparks unabdingbar. Sie sind der Knotenpunkt, den alle Teile durchlaufen müssen. Zusätzlich werden viele Teile vor Ort produziert, teilmontiert oder zwischengelagert. Häfen sind Ausgangspunkt für die Spezialschiffe, die für den Transport und die Montage auf See verantwortlich sind sowie für alle späteren Service- und Wartungsarbeiten. Diese Offshore-Häfen müssen spezielle Anforderungen erfüllen. So müssen sie große Rangierflächen, Lagerflächen und Tragfähigkeit vorweisen, z.B. für die großen Rotorblätter und die schweren Gondeln. Zudem sollten die Häfen gezeitenunabhängig sein, um ein ständiges Ein-und Auslaufen von Schiffen zu ermöglichen. Aufgrund der Größe und des Gewichts der Teile, die für einen Offshore-Windpark nötig sind, kommen die Binnensee und die Straßenwege für Transporte nur sehr eingeschränkt in Frage. Deswegen ist die effizienteste Lösung für die Hersteller oftmals direkt im Hafen bzw. in Hafennähe zu produzieren. Die nachfolgende Tabelle stellt eine Auswahl an deutschen Offshore-Häfen mit ihren jeweiligen Produktionsschwerpunkten dar (vgl. Tabelle 7):

---

[67] Vgl. Gabriel, 2007, S.35ff.

Auswahl deutscher Offshore-Häfen			
Bremerhaven	Produktion von Fundamenten, Gondeln, Rotoren und Türmen, Verschiffung	Stade	Produktion von Rotoren
Cuxhaven	Produktion von Türmen und Fundamenten, Verschiffung	Sassnitz	Produktion, Wartung, Verschiffung
Emden	Produktion von Gondeln und Rotoren, Verschiffung und Montage	Lubmin	Produktion, Wartung, Verschiffung
Brunsbüttel	Verschiffung	Wilhelmshaven	Produktion Plattform, Standort für Bauflotte, Verschiffung
Husum	Stützpunkt für Bauteams und Wartungsteams	Rostock	Produktion von Türmen, Rotoren, Gondeln, Verschiffung, Wartung

Tabelle 7: Deutsche Offshore-Häfen[68]

Regionale Förderprogramme und der Europäische Fonds für regionale Entwicklung unterstützen den schnellen Ausbau der deutschen Offshore-Häfen. Die Häfen profitieren also stark von der unmittelbaren Ansiedlung von Produktionsstätten in der Umgebung. Sie liegen für gewöhnlich in strukturschwachen und küstennahen Standorten. Durch die Ansiedlung von Unternehmen werden auch neue Fachkräfte für den maritimen Einsatz ausgebildet. Darüber hinaus werden Forschungs- und Entwicklungseinrichtungen eingerichtet. Der schnelle Ausbau ist deswegen wichtig, weil die deutschen Standorte im Wettbewerb mit ausländischen Häfen, wie denen in den Niederlanden und Dänemark, stehen, welche bereits weiter entwickelt sind. Zusammenfassend lässt sich feststellen, dass der Offshore-Markt enorme Wachstumsimpulse für die deutschen Häfen setzt und mit dem Ausbau der Häfen gleichzeitig die Infrastruktur und Bil-

---

[68] Eigene Darstellung i.A.a. DENA Häfen Factsheet.

dungseinrichtungen ausgebaut werden und ausgebildete Fachkräfte in die Region ziehen.[69]

5.6 Arbeitsmarkt

Die Wertschöpfung der deutschen Industrie hat einen Anteil von ca. 25 %, gerechnet auf den weltweiten Markt. Der größte Anteil davon geht auf die Hersteller der WEA und deren Zulieferer zurück. Es wird davon ausgegangen, dass im Jahr 2030 in diesem Bereich über 150.000 neue Arbeitsplätze in direktem und indirektem Zusammenhang entstehen. Zurzeit arbeiten in Deutschland ca. 100.000 Menschen in der Branche. Das bedeutet, dass die Offshore-Industrie gerade den strukturschwachen Küstenregionen neue Wachstumsimpulse setzen wird. Es werden Investitionen in Werften, Hafeninfrastruktur, Logistik, Wartung, Betrieb und Bildungseinrichtungen sowie Forschungszentren getätigt. Diese Regionen werden somit verstärkt von steigenden Steuereinnahmen, den neuen Unternehmen und Arbeitsplätzen profitieren, wie folgende Tabelle zeigt (vgl. Tabelle 8):

Berufe in der Wertschöpfungskette			
Bereich	**Entwicklung**	**Konstruktion**	**Betrieb**
• Ausbildung	• Ingenieure	• Ingenieure	• Facharbeiter aus Metall-/ Elektroberufen
• Forschung	• Juristen	• Juristen	
• Staat	• Wirtschaftswissenschaftler	• Wirtschaftswissenschaftler	• Leittechnik- und Sicherheits- kontrollpersonal
• Planung	• Geologen	• Facharbeiter (Metall- /Elektroberufe, Mechaniker etc.)	
• Hersteller	• Biologen		
• Zulieferer	• Verwaltungsangestellte		• Havariedienste
• Konstrukeure			
• Betreiber			
• Energiekonzerne			
• Investoren			

Tabelle 8: Berufe in der Wertschöpfungskette[70]

---

[69] Vgl. Dena, 2009.
[70] Eigene Darstellung i.A.a. DENA Arbeitsmarkt Factsheet.

Planung:
Für einen neuen Offshore-Park sind im Vorfeld juristische, technische, ökologische und ökonomische Fragen zu klären. Bevor es zur Herstellung der Anlagen kommt, müssen die Finanzierung, der Standort, die Netzanbindung geklärt sein.

Herstellung:
Für die Herstellung der WEA sind vor allem Ingenieure und Facharbeiter aus den Bereichen Maschinenbau, Elektrotechnik, Faserverbundtechnik, Luft und Raumfahrt sowie Stahlbau benötigt. Die Unternehmen benötigen dabei Personal aus den verschiedensten Bereichen.

Montage:
Die Montage von z.B. Fundament, Türmen, Gondeln, Rotorblättern und die Verkabelung erfordern auf See spezielle Logistiker, Spediteure und maritime Konstrukteure wie z.B. Helikopter, Spezialschiffe etc.. Speziell ausgebildetes Personal ist dafür Voraussetzung.

Service:
Es müssen eine vorrauschauende Wartungs- und Servicestrategie durchgeführt werden, um diese kostenintensiven Maßnahmen effizient zu vollziehen. Servicekräfte führen dann die Instandhaltungsarbeiten aus.

Vom Bau und Betrieb der Offshore-Windparks profitieren vor Allem die Werften, welche die benötigten Spezialschiffe konstruieren und bauen. Ebenso profitabel ist das ganze Unterfangen für die Kabelindustrie, welche zuständig für die Verkabelung und Anbindung der Offshore-Parks und Umspannstationen ist. Zudem entstehen gerade für die maritimen Berufe neue Ausbildungszentren und neue Forschungseinrichtungen.[71] Probleme, die bereits jetzt mit den neu entstandenen Arbeitsplätzen in der On- und Offshore-Industrie einhergehen, sind die zum Teil schlechten Arbeitsbedingungen und die niedrige Entlohnung sowie der hohe Anteil an Leiharbeitern. Zudem sind nur die wenigsten Unter-

---
[71] Vgl. Dena, 2010.

nehmen an Tarifverträge im Bereich erneuerbare Energien gebunden. Daraus ergibt sich eine enorme Diskrepanz zwischen den Löhnen, die im Management und bei den Schichtarbeitern gezahlt werden.[72]

5.7 Standortfaktoren und räumliche Nähe

Das Modell zur räumlichen Nähe gehört zu den Proximity Dynamics. Es wird sich hierbei aus verschiedenen Blickwinkeln mit dem Thema der räumlichen Nähe auseinandergesetzt. Vor Allem stehen die wirtschaftliche Entwicklung und Innovationen im Verhältnis zum Raum im Fokus. Dabei wird zudem zwischen temporärer Nähe und dauerhafter Nähe unterschieden. So ist eine dauerhafte Nähe davon geprägt, dass z.B. eine Ansiedlung in unmittelbarer Nähe stattfindet oder langfristige Kooperationen entstehen. Die temporäre Nähe zeichnet sich z.b. durch Messen, Forschungsaufenthalte oder Managementbesuche bei den Tochterunternehmen aus. Durch eine räumliche Nähe entsteht die Möglichkeit von Face-to-Face Kommunikation, was wiederum die Kognitive Basis ermöglicht, um gegebenenfalls Missverständnisse schneller zu erkennen und zu lösen. So können gemeinsame Strategien effizienter verfolgt werden. Zudem können die Codes der Kommunikation schneller standardisiert werden und gleichzeitig die Kommunikationskosten gesenkt werden. Desweiteren kann man die räumliche Nähe auch als Kontrollinstrument einsetzen. Durch direkten sozialen Kontakt lassen sich mögliches Fehlverhalten von Zulieferern oder anderen Kooperationspartnern leichter erkennen bzw. auch sanktionieren. So lässt sich Nähe in die unterschiedliche Arten wie räumliche Nähe, kognitive Nähe, soziale Nähe, kulturelle und persönliche Nähe und die institutionelle Nähe einteilen. Die räumliche Nähe beschreibt die Möglichkeiten der Face-to-Face Kommunikation und der damit einhergehenden Kontrollinstrumente. Die persönliche, soziale und kulturelle Nähe ist auch eng an den Standort gebunden, denn durch die persönlichen Beziehungen können sich Loyalität, eine Vertrauensbasis sowie gemeinsame Werte und Sympathien entwickeln.[73] Dies lässt wiederum die Kommunikationskosten sinken. Die kognitive Nähe bezieht sich auf die Zugehörigkeit zu einer Berufsgruppe oder

---
[72] Vgl. Financial Times Deutschland, 2011.
[73] Vgl. Gunther Maier, Franz Tödtling und Michaela Trippl, 2005, S.87ff.

einer gemeinsamen Fachrichtung z.B. der Offshore-Industrie. Kommunikationscodes können so schneller standardisiert und geteilt werden. Die institutionelle Nähe gibt die formalen und informalen Regeln vor. Dies können z.B. Arbeitsvorschriften, Sicherheitsbestimmungen oder gemeinsame Standards sein. Durch die Kenntnis und die Einhaltung der Regeln können weitere Kosten gesenkt werden.[74]

5.7.1 Modell von Alfred Weber

Alfred Weber hat die erste Darstellung einer Industriestandorttheorie geschaffen. Er hat in dieser den optimalen Standort eines betriebswirtschaftlichen Betriebs ermittelt. Die Industriestandorttheorie umfasst dabei folgende Annahmen:

- Räumliche Verteilung des Konsums ist bekannt und gegeben.
- Räumliche Verteilung der Arbeitskräfte ist bekannt und gegeben.
- Arbeitskräfte sind immobil und unbegrenzt verfügbar.
- Lohnhöhe ist konstant aber räumlich differenziert.
- Transportkosten sind einheitlich und darstellbar als Funktion von Gewicht und Entfernung.

Arbeitskosten: Die Arbeitskosten können sodann zur Verlegung des Standortes führen, wenn die Ersparnis größer ist als die gestiegenen Transportkosten.

Agglomerationswirkungen: Eine Verlegung des Standortes erfolgt nur dann, wenn die Agglomerationsvorteile die Transportkostennachteile überwiegen.
Das bedeutet, dass Gütermenge, Produktionstechnik und die Preise gegeben sind. Das Unternehmen muss die Transportkosten am Beschaffungs- und Absatzmarkt tragen. Diese Annahmen führen dazu, dass sich mögliche Standorte nur noch durch die Transportkosten unterscheiden. Schlussfolgernd lässt sich festhalten, dass der Standort mit den geringsten Transportkosten den höchsten Gewinn generiert.

---

[74] Vgl. Masahisa Fujita und Jacques-Francois Thisse, 2002, S.171ff.

Das bedeutet, dass die Transportkosten entweder am Beschaffungsort oder am Absatzort am geringsten sind, da sie bei einem von beiden null betragen. [75] Übertragen auf die Wertschöpfungskette im Offshore-Windenergiesektor bedeutet das, dass die Hersteller der enorm großen und schweren Teile, die für die Offshore-Windparks benötigt werden, einen Anreiz haben, sich direkt am Absatzort anzusiedeln, was in diesem Fall der Offshore-Hafen wäre. Denn nur hier haben die Hersteller die kosteneffizienteste Lösung bzw. die geringsten Transportkosten. Die Transportkosten könnten in diesem Fall nur noch weiter sinken, wenn das Verkehrsnetz ausgebaut werden würde. Damit einhergehend würden die Anreize sinken, sich in unmittelbarer Nähe zum Absatzort anzusiedeln. Das Beispiel zeigt zugleich die hohe Bedeutung des Angebotes an Verkehrsträgern und deren Preisstrukturen. In jedem Fall entscheiden sich die Unternehmen innerhalb dieses Modells für einen Standort in der Nähe zum Absatzmarkt.

5.7.2 Neoklassische Modelle vs. Behavioristische Modelle

Neoklassische Modelle gehen von einer vollkommenen Konkurrenz (atomistische Märkte, vollkommene Information, keine Mobilitätshemmnisse) aus. Zudem tendiert die Neoklassik zu Gleichgewichtslösungen. Im neoklassischen Ansatz wird nach dem optimalen Unternehmensstandort gesucht und es wird davon ausgegangen, dass sich die Akteure wie in der Theorie angenommen verhalten. Die Unternehmer versuchen eine Zielfunktion zu maximieren und verhalten sich hierbei als „Homo oeconomicus". Im Gegensatz zu diesem Ansatz steht die behavioristische Konzeption. Hier wird nicht untersucht, wie sich Unternehmen verhalten sollten, sondern wie sie sich tatsächlich in der Realität verhalten, um eine Standortentscheidung zu treffen. Es wird hier induktiv vorgegangen und Schlussfolgerungen werden erst aus empirischen Beobachtungen gezogen. Zudem unterscheidet sich das behavioristische Modell dadurch, dass es heuristische Verfahren zur Standortentscheidung einsetzt, Unterschiede in der Fähigkeit der rationalen Planung, Unterschiede in der Ressourcenverfügbarkeit und die Standortentscheidung als Prozess auffasst.

---

[75] Vgl. Gunther Maier und Franz Tödtling, 2005, S.50ff.

Als Konsequenz wäre für eine strukturschwache Region also ein behavioristisches Modell anzuwenden, da dieses praxisnaher ist. Es sollte versucht werden, KMU anzuwerben und das Informationsdefizit von KMU durch Referenzunternehmen und Kontaktmessen zu verringern. Zudem können Finanzkraftdefizite von KMU durch gezieltes Fördern beseitigt werden. Hier wird deutlich, dass sich mit der Expansion der Offshore-Industrie neue Möglichkeiten bieten, vor allem für sonst wirtschaftlich weniger attraktive Regionen in Deutschland. So werden die Renditeerhöhungen in der aktuellen EEG Novelle zu einer weiteren Expansion führen.[76]

5.7.3 Innovationen

Innovationen werden als kumulative Prozesse gesehen, die entlang von technischen Pfaden ablaufen. So lässt sich sagen, dass technologische Paradigmen den Kontext für Innovationen bieten. Innovationen entstehen nicht aus einem einzelnen Unternehmen, sondern vielmehr durch das Interagieren zwischen Unternehmen, Konkurrenten, Kunden, Zulieferern und Forschungseinrichtungen wie Universitäten bzw. Technologiezentren. Studien belegen, dass ein Wissensaustausch für Innovationen unabdingbar ist und dieser Austausch räumlich gebunden ist. Zudem erleichtert eine intensive persönliche und vertrauensvolle Beziehung sowie räumliche Nähe diesen Wissensspillover[77]. [78]

In der Praxis lässt sich beobachten, dass durch Innovationen einzelne Standorte Vorteile erlangen und Standorte auch gleichzeitig zu deren Entstehung beitragen können. Mit der bundesweiten Förderung durch das EEG werden somit auch die küstennahen Standorte zum Teil gefördert, da eine Basis für Investitionen geschaffen wird. Die Standorte gewinnen so an Attraktivität und durch die Konzentration an Unternehmen können neue Wachstumsimpulse generiert werden. Um die Vorteile generieren zu können, muss man beachten, dass Produkte der einzelnen Phasen unterschiedliche Anforderungen an den Standort stellen. Dies bildet die Produktzyklustheorie ab:

---

[76] Vgl. Gunther Maier und Franz Tödtling, 2005, S.62ff.
[77] Wissensspillover: Übertragungseffekte von Wissen
[78] Vgl. Gunther Maier, Franz Tödtling und Michaela Trippl, 2005, S.89f.

1. Einführungsphase

   - Wichtig Standortnähe zu großen Absatzmarkt
   - Nähe zum Kunden
   - Flexibilität
   - Bedarf an qualifizierten Arbeitskräften
   - Notwendigkeit der Produktanpassung an Kundenbedürfnissen

➔ Hohe Grenz- und Marketingkosten = Umsatz und Grenzerlöse noch gering

2. Wachstumsphase

   - Nähe zu Agglomerationszentren weniger wichtig
   - Qualifikationsanforderungen nehmen ab
   - Umsatz und Beschäftigung steigen
   - Stückkosten nehmen ab (Größenvorteile, Lerneffekte, Standardisierung)
   - Preise fallen (weil Konkurrenz steigt)
   - Wichtigkeit von Verfahrensinnovation steigt um Kostenvorteile bei der Produktion zu erzielen

➔ Standort eher mittlere Zentren mit guter Erreichbarkeit

3. Reifephase

   - Markt zeigt erste Sättigungstendenzen
   - Umsätze wachsen langsamer oder schrumpfen (weil Wettbewerbsdruck steigt und Preise sinken)
   - Verbesserung bei der Produktion kaum noch möglich
   - Wettbewerbsvorteile nur noch durch billige Arbeitskräfte oder Erhöhung der Kapazität möglich

➔ Standort mit geringer Industrialisierung und geringen Lohnniveau mit staatlicher Förderung

4. Schrumpfungsphase

- Wenig wettbewerbsfähige Unternehmen werden verdrängt (Oligopol)
- Preise und Gewinne sinken [79]

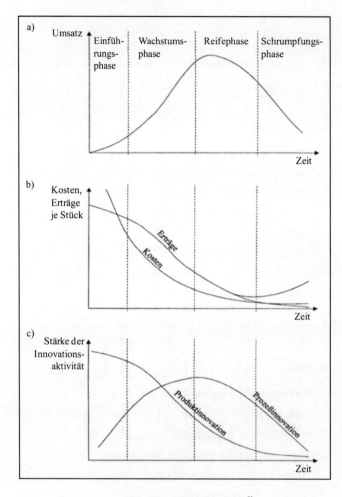

Abbildung 4: Produktzyklustheorie[80]

---

[79] Vgl. Gunther Maier und Franz Tödtling, 2005, S.87ff.
[80] Eigene Darstellung i.A.a. Maier und Tödtling, 2005, S.89.

Allgemein geht die Produktzyklustheorie davon aus, dass Unternehmensstandorte mit zunehmender Reife in entlegene und strukturschwache Regionen verlagert werden (vgl. Abbildung 4). Da sich hinter dem Offshore-Windmarkt eine Zukunftsbrache mit all ihren positiven Auswirkungen auf die jeweilige Region verbirgt, soll die Förderung des Offshore-Windmarktes der Abwanderung entgegenwirken. Das ganze könnte aber auch fehlschlagen, wenn zukünftig z.B. die Logistikkosten sinken und die Hersteller an günstigeren Standorten produzieren würden und gleichzeitig ausländische Häfen als Basis für deren Offshore-Aktivitäten nutzen würden. Es soll somit auch vermieden werden, dass nur Produkte, die sich in der Reifephase befinden, in diesen peripheren bzw. ländlichen Regionen angesiedelt werden. Denn Produkte dieser Phase lassen sich vom Unternehmen einfach an günstigeren ausländischen Standorten produzieren.

5.7.4 Agglomerationseffekte

Agglomerationseffekte gehen aus den Interdependenzen zwischen Standortentscheidungen von Haushalten, der öffentlichen Hand und privaten Unternehmen hervor. Sie setzen sich aus den internen Effekten und den externen Effekten zusammen, wobei die externen sich nochmals unterteilen lassen in Lokalisationseffekte und Urbanisationseffekte. Die internen Effekte beziehen sich hierbei lediglich auf die Aktivitäten innerhalb eines Betriebes bzw. Unternehmens. Die externen Effekte spiegeln die Interdependenzen von Staat, Unternehmen und Haushalten wider. Lokalisationseffekte treten zwischen den Betrieben einer Branche auf. Es gibt verschiedene positive Lokalisationseffekte wie z.B. die Entstehung einer speziellen Zulieferindustrie, einem spezialisierten Arbeitsmarkt sowie Forschungs- und Entwicklungseinrichtungen, die auf die Branche spezialisiert sind. Desweiteren führen die positiven Lokalisationseffekte zu einem Ausbau der Infrastruktur, da die Ballung an Unternehmen einer Branche zunimmt. Außerdem gilt, dass Lokalisationsvorteile abhängig von der Größe eines Unternehmens sind. So können diese bei großen Unternehmen auch als interne Skalenvorteile genutzt werden. Die Grenzen zwischen Lokalisationseffekten und Skaleneffekten sind hierbei fließend. Es können jedoch auch negative Effekte auftreten, beispielsweise indem es zu einer Übernutzung der räumlichen Faktoren kommt. Diese können sich dann durch steigende Grundstückpreise, steigende Lohnkosten sowie durch eine mögliche Beeinflussung der touristischen Aktivitäten in der Region bemerkbar machen. Urbanisationseffekte hingegen treten zwischen den Unternehmen verschiedener Branchen auf. Bei den positiven Urbanisationseffekten lassen sich feststellen:

- Ein großer Arbeitsmarkt.
- Verfügbarkeit von Freizeit-, Kultur- und Konsumangebots.
- Verfügbarkeit von Infrastruktur, Forschungseinrichtungen und Dienstleistungen.
- Möglichkeit zu direkten wirtschaftlichen und sozialen Kontakten zu anderen Unternehmen.

Die negativen Folgen von Urbanisationseffekten können in Form von höheren Faktorkosten, höheren Bodenpreisen und z.B. Luftverschmutzung auftreten. Zusammengefasst würde die gesamte Wertschöpfungskette im Bereich der Offshore-Windparks von einer Ansiedlung in unmittelbarer Nähe zu einander profitieren.[81] Durch die gemeinsame Ansässigkeit an einem Standort wird irgendwann eine kritische Masse überschritten und damit weitere Faktoren, wie spezialisierte Dienstleister, Infrastruktur und Qualifizierungseinrichtungen, Arbeitskräfte und Nachfrage angelockt. Außerdem kann die gemeinsame Ansässigkeit bei der Durchführung von Kooperationen hinsichtlich der Abstimmungs- und Verhandlungskosten helfen, da man über gemeinsame formale und informelle Normen verfügt. Zudem können Kontroll- und Sanktionskosten eingespart werden, da durch Face-to-Face Kontakte eine soziale Kontrolle ausgeübt werden kann. Weitere Einsparungen ergeben sich in Bezug auf Transportkosten, zudem kann durch häufigere und intensivere Möglichkeiten des Austausches ein höherer Nutzen generiert werden. Da die Betriebsdauer eines Windparks auf 20 Jahre kalkuliert ist, kommt es hier außerdem zu einer langfristigen Zusammenarbeit durch das Förderinstrument der Bundesregierung der EEG.[82]

---

[81] Vgl. Gunther Maier und Franz Tödtling, 2005, S.140ff.
[82] Vgl. Masahisa Fujita und Jacques-Francois Thisse, 2002, S.125ff.

5.7.5 Wissenstransfer

Der Austausch und der Transfer von Wissen zwischen den Akteuren einer Wertschöpfungskette können auf verschiedene Arten stattfinden. So kann Wissen zum Einen formal ausgetauscht werden. Dies würde bedeuten, dass der Wissenstransfer vertraglich geregelt ist und z.B. mit finanziellen Kompensationen verbunden ist. Wissen kann jedoch auch informal ausgetauscht werden, also ohne entsprechende vertragliche Regelungen. Die formalen Beziehungen lassen sich in zwei Bereiche aufteilen: die Marktbeziehungen und die formalen Netzwerke. Unter Marktbeziehungen versteht man den Zukauf von Wissen und Innovationen in Form von Software, Lizenzen, Patente oder Technologie. Im internationalen Technologietransfer ist dies ein Kernmechanismus. Gerade in der frühen Produktlebenszyklusphase können diese Beziehungen auch auf regionaler Ebene stattfinden. Hinzu kommen die formalen Netzwerke, welche auf evolutionären und soziologischen Theorien basieren. So bilden die formalen Netzwerke dauerhafte und interaktive Beziehungen zwischen den Akteuren. Es findet nicht nur ein Austausch von bereits existierendem Wissen statt, sondern es kommt vielmehr zu einer gemeinsamen Weiterentwicklung. Dies ist z.B. der Fall, wenn küstennahe Universitäten und Forschungsorganisationen spezielle Ausbildungsgänge für die Offshore-Industrie entwickeln. Weitergehend werden Forschungsallianzen zwischen Unternehmen der Offshore-Industrie, Instituten und anderen Unternehmen besiegelt, um neue Lösungen bzw. Wissen noch effizienter zu entwickeln. Eine informale Übertragungsform sind die Wissensspillovers. Dieser Wissenstransfer ist weder vertraglich vereinbart oder sonst irgendwie finanziell geregelt. Der Transfer von Wissen entsteht hierbei hauptsächlich durch persönliche Kontakte und mobile Arbeitskräfte. Wissensspillover weisen zudem eine starke räumliche Bindung auf. Darüber hinaus gibt es noch die informellen Netzwerke, welche nicht vertraglich vereinbart worden sind aber dennoch dauerhafte Beziehungen zwischen Unternehmen und anderen Organisationen darstellen. Diese basieren häufig auf gegenseitigem Vertrauen sowie der Akzeptanz von gemeinsamen Zielen und gemeinsamen Verhaltensformen. Bei dieser Form der Wissensübertragung wird nicht nur bereits erlerntes Wissen transferiert, sondern es wird auch neues Wissen gemeinsam erlernt und generiert. Die informellen Innovationsbeziehungen sind häufig auf der regionalen Ebene vorzufinden und enorm wichtig, um den lokalen Wissensstandard zu erhöhen. Daher lässt sich schlussfolgern, dass Spillovers und informale Beziehungen eine wichtige Rolle beim Wissensaufbau und Transfer auf regionaler Ebene spielen. Derartige Unternehmensnetzwerke lassen sich wie folgt charakterisieren: zum Einen erhält jeder Teilnehmer einen zusätzlichen Nutzen, welcher dann weiter zunimmt, wenn sich weitere Teilnehmer dem Netzwerk anschließen. Hinzu kommt, dass dieses Wissen nur den Netzwerkteilnehmern vorbehalten bleibt. Negative Auswirkungen können entstehen, wenn Teilnehmer Wissen weiterleiten bzw. weitergeben, aber dafür keine adäquate Gegenleistung erhalten. Desweiteren können Trittbrettfahrer gezielt einen Nutzen aus Netzwerken für sich erzielen und bewusst keine oder nur minderwertige Gegenleistungen dafür erbringen. Generell stärken also Unternehmen Ihre Wettbewerbsfähigkeit in der Wertschöpfungskette durch die Bildung von Netzwerken. Das Trittbrettfahrerproblem lässt sich durch die räumliche Nähe bzw. durch eine soziale Kontrolle und Face-to-Face Kontakte eingrenzen. Somit ist es für die gesamte Kette nur förderlich, wenn es durch die bundesweite Förderung zu Kooperationen bzw. Wissenstransfers kommt, da hiervon letztendlich die gesamte Region bzw. alle Teilnehmer der Wertschöpfungskette in der Offshore-Windindustrie profitieren.[83]

5.7.6 Unternehmenscluster

Ein Cluster ist hier als eine Ballung von Unternehmen zu verstehen, die untereinander in Beziehung stehen. Man geht davon aus, dass sich eine Wertschöpfungskette ausgehend von einem Offshore-Hafen niederlässt. Um die Wertschöpfungskette im Offshore-Bereich weiter zu stärken, sollten potentielle Clusters identifiziert und gezielt gefördert werden.

Die entsprechenden Häfen sind zunächst so zu gestalten bzw. auszubauen, dass diese die notwendigen Vorraussetzungen für die Offshore-Tätigkeiten erfüllen. Desweiteren sollten Maßnahmen getroffen werden, die zur Intensivierung der Zusammenarbeit zwischen Forschung und Industrie führen. So kann die Errich-

---

[83] Vgl. Gunther Maier, Franz Tödtling und Michaela Trippl, 2005, S.107ff.

tung von Forschungszentren zu einer solchen Bündelung führen. Ziel einer solchen Clusterbildung ist es, vor Allem den strukturschwachen Regionen ein Wirtschaftwachstum zu ermöglichen. Diese regionale Konzentration von Unternehmen basiert auf den positiven Agglomerationseffekten. Durch die Stärkung der positiven externen Effekte soll die jeweilige Region an Attraktivität hinzugewinnen. Neue Cluster können sich sowohl aus bestehenden Ballungen an Unternehmen entwickeln als auch auf „der grünen Wiese" entstehen. Die Clusterbildung lässt sich forcieren durch bundesweite Subventionen, welche versuchen, Betriebe von außerhalb der Region anzuziehen und so einen positiven Einfluss auf die Wertschöpfungskette zu ermöglichen.[84] Weitere populäre Maßnahmen sind etwa die Stimulation von Netzwerken durch gezielte Finanzierung von Kontaktmessen, netzwerkstärkende Maßnahmen sowie durch Investitionen in eine clusterspezifische Infrastruktur. Vor allem muss auch ein entsprechendes Standortmarketing betrieben werden, um den Bekanntheitsgrad der Region zu erhöhen.[85]

5.7.7 Arten von Wissen

Für die Entstehung von neuem Wissen ist die Anwendung und Diffusion von neuem Wissen unerlässlich. Hierbei wird Wissen nach Polanyi (1967) in zwei Formen geteilt. So gibt es das kodifizierte und das implizite Wissen. Das kodifizierte Wissen existiert in abstrakter Form, d.h. in Modellen, Tabellen und Standards. Das implizite Wissen hingegen ist nur schwer kommunizierbar und umfasst Routinen, Erfahrungen, latente Praktiken und ist somit an die jeweiligen Personen bzw. Unternehmen stationär fixiert. Im Zuge der weltweiten Vernetzung und der schnellen Kommunikation lassen sich kodifizierte Wissensbasen auf Datenträgern speichern und online versenden. Die Übertragung von implizitem Wissen hingegen ist weitaus komplizierter, da es nur in sozialen Interaktionen weitergegeben bzw. gelernt werden kann. Allerdings ist eine weitere Unterscheidung zu beachten: denn je nach Industriezweig schwankt die Bedeutung von impliziten und kodifizierten Wissen stark.

---

[84] Vgl. Gunther Maier, Franz Tödtling und Michaela Trippl, 2005, S.161ff.
[85] Vgl. Gunther Maier und Franz Tödtling, 2005, S.85.

Nach dem Ansatz von Asheim und Gertler (2005) unterscheidet man zwischen einer synthetischen und einer analytischen Wissensbasis. Die synthetische Wissensbasis ist von hoher Bedeutung für die Offshore-Industrie. In dieser Branche spielt die Übertragung von implizitem Wissen eine große Rolle, denn praktische Fähigkeiten und Learning-by-Doing sind hier unabdingbar. Es ist typisch, dass bereits existierendes Wissen neu kombiniert und angewendet wird. Darüber hinaus konzentriert sich diese Industrie speziell auf die von den Kunden herangetragenen Probleme. Hieraus geht hervor, dass ein intensiver Kontakt zwischen Kunden, Herstellern und Zulieferern nötig ist, um den Innovationsprozess voranzutreiben. Auf der anderen Seite gibt es noch das analytische Wissen, welches z.B. in der Biotechnologie oder Informationstechnologie einen hohen Stellenwert hat. Hier wird vor allem kodifiziertes Wissen in Form von Publikationen und Studien als Wissensbasis vorgelegt. Ergänzend muss hinzugefügt werden, dass wissensbasierte Industrien eine hohe Abhängigkeit von externen Wissensquellen haben. Wichtig ist, dass z.B. im Bereich der Offshore-Industrie enge Kooperationen zwischen Unternehmen und Universitäten bzw. Forschungseinrichtungen gebildet werden.[86]

5.8 Praxisbeispiel Region Bremerhaven

Die Stadt Bremerhaven und die umliegenden Städte Cuxhaven, Nordenham und der Landkreis Wesermarsch planen eine zukünftige gemeinsame regionale Entwicklung, um sich als Offshore-Windenergiestandort zu vermarkten. Diese Region ist mit der Ansiedlung führender Offshore-WEA-Hersteller und Komponentenlieferanten sowie den bereits entstandenen und sich noch in Planung befindlichen Hafenstrukturen zu einem international bedeutsamen Offshore-Standort gewachsen. In der Region Bremerhaven ist ein bedeutsamer Cluster an Unternehmen der Offshore-Industrie, wissenschaftlichen Eirichtungen und Qualifizierungs- und Trainingseinrichtungen entstanden. Dieses Innovationsnetzwerk stellt das größte in Europa dar. Namhafte Unternehmen wie RWE Innogy, REpower Systems AG, PNE Wind GmbH, Strabag Offshore-Wind GmbH, Nordeutscheseekabelwerke GmbH, Ambau GmbH, Areva Wind

---

[86] Vgl. Gunther Maier, Franz Tödtling und Michaela Trippl, 2005, S.119ff.

GmbH etc. haben in dieser Region bereits Unternehmensniederlassungen und Produktionsstandorte angelegt.[87] Somit ist in der Region ein Standort entstanden, der ein attraktives Angebot für Unternehmen der Offshore-Industrie im Bereich Produktion, Zulieferung, Logistik und Service geschaffen hat. Durch diesen Branchencluster wird gewährleistet, dass positive Agglomerationseffekte, Wissenstransfer sowie Innovationen als Grundlage für ein wirtschaftliches Wachstum in der Region sorgen. Bei der Entstehung dieses Unternehmensclusters hat die EEG-Förderung insofern dazu beigetragen, dass sie den Rahmen vorgibt und eine langfristige Planung für die Unternehmen ermöglicht. Ausschlaggebende Punkte zur Ansiedlung im Raum Bremerhaven dürften vielmehr die diversen regionalen Förderungen sein. So hat die Wirtschaftsförderung Bremerhaven ein umfassendes Konzept zur Ansiedlung von Unternehmen aufgelegt. Es umfasst unter Anderem eine Investitionsförderung von bis zu 30% für diesen Standort, eine Förderung für Existenzgründer, eine Umweltförderung für Produkte und Dienstleistungen mit positiven Auswirkungen für die Umwelt, eine Finanzierungsförderung, eine Absatzförderung für innovative und noch unbekannte Produkte, einen Europaservice, der an ein europäisches Netzwerk mit über 500 Organisationen angeschlossen ist sowie verschiedene individuelle Programme zur Beratungsförderung.[88] [89] Zusammenfassend lässt sich schlussfolgern, dass die EEG-Förderung einen wichtigen Rahmen setzt. Allerdings muss die regionale Entwicklungspolitik durch unternehmerfreundliche Politik sowie gezielte Fördermaßnahmen eine gezielte Ansiedlung zu ihren Gunsten steuern.

5.9 Fazit

Das EEG ist die Grundlage für eine wirtschaftliche Investition und den wirtschaftlichen Betrieb von Anlagen zur Nutzung der erneuerbaren Energien. Es hat damit also mittelbar zur Realisierung der Ansiedlungen in der von Ihnen genannten Clusterregion geführt. Gleichzeitig hat es jedoch keinen Einfluss darauf, an welchem Standort bzw. in welcher Region sich Unternehmen nieder-

---

[87] Vgl. Dena, 2011a.
[88] Vgl. BIS Bremerhavener Gesellschaft , 2009.
[89] Vgl. Bremerhaven Online, 2011.

lassen, Unternehmensnetzwerke entstehen und wo sich Cluster bilden. Nach den oben erwähnten Theorien suchen die Unternehmen sich den bzw. die Standorte nach marktwirtschaftlichen Kriterien aus. Dies lässt sich nur steuern, indem einzelne Regionen gezielte Anreize für Ihren Standort setzen würden. Dies wäre denkbar durch z.B. günstige Mieten oder günstiges baufähiges Land und Infrastrukturausbau. Allerdings besteht bei der regionalen Förderung die Gefahr, dass es zu einem regionalen Wettbewerb in den Küstenregionen kommt welcher zu Lasten des Steuerzahlers fällt. An dieser Stelle sollte es darum gehen, eine kosteneffiziente Lösung zu erreichen und ausschließlich eine Bundesweite Steuerung geben. Das bedeutet, dass die gesamte Küstenregion bzw. potenzielle Offshore-Hafenstandorte eine gemeinsame Strategie entwickeln und nicht in Konkurrenz um Fördergelder stehen sollten. Zusammenfassend lässt sich feststellen, dass es gerade in den strukturschwachen ländlichen Regionen wichtig ist, dass dieses implizite Wissen übertragen wird. Die Bildung von Clustern und Netzwerken ist deshalb wichtig, damit ein Anschluss gewährleistet wird. Zum anderen ist es ebenso wichtig, dass multinationale Unternehmen sich in der ländlichen Region ansiedeln und eine Art Gatekeeper-Rolle übernehmen. Gerade diese Unternehmen bündeln bestimmtes Wissen und bringen gleichzeitig die Voraussetzungen mit, dieses Wissen zu transferieren und in die Region einzuspeisen. So besitzen multinationale Unternehmen die kognitiven und institutionellen Verknüpfungen zu Wissensquellen. Auf diese Weise würde in der Offshore-Industrie gerade in strukturschwachen Regionen gewährleistet, dass der nötige Innovationsprozess stattfindet.

6. Förderinstrumente

Förderinstrumente werden essentiell dafür benötigt, um unerwünschte Marktergebnisse zu steuern bzw. in die gewünschte Richtung zu korrigieren. Die Förderinstrumente fungieren dabei als Werkzeuge, die das Verhalten der Marktsubjekte insoweit beeinflussen sollen, dass der Einsatz und die Kapazitäten der erneuerbaren Energien gesteigert werden.

6.1 Energiepolitische Instrumente

Bei energiepolitischen Instrumenten gilt es folgende Aspekte zu bedenken: es geht darum zu klären, welche Werkzeuge dem Staat zu Verfügung stehen und welche Möglichkeiten es gibt, sie entsprechend weiterzugestalten. Weitergehend müssen die Maßnahmen nach Märkten differenziert werden, denn nicht jede Maßnahme ist für jeden Markt geeignet. Ebenso gilt es zu bedenken, welche Instrumente für welche erneuerbaren Energien sinnvoll verwendet werden können. Zudem muss geklärt werden, wie die jeweils gewählte Maßnahme finanziert werden soll.[90]

6.1.1 Institutionelle Instrumente

Es bedarf Institutionen, um die Zielvorstellungen des Staates, die sich im politischen Prozess gebildet haben, durchzusetzen. Diese Institutionen bestehen aus formalen und informellen Regeln, die in Form von Verträgen und Konventionen innerhalb einer Gesellschaft vereinbart worden sind. Institutionelle Maßnahmen lassen sich in zwei Bereiche gliedern: Ordnungspolitische Regeln und Organisationen. Die ordnungspolitischen Regeln setzen sich zusammen aus den indirekten nationalen und internationalen Rahmengesetzen, den direkten Energiegesetzen und Stromgesetzen für den gesamten Energiemarkt und den speziellen Gesetzen wie dem EEG bzw. dem Einspeisegesetz. Die Institutionen bilden somit die Grundlage für die Durchführung politischer Entscheidungen. Die dort getroffenen Vereinbarungen werden jedoch meistens erst dann wirksam, wenn sie von Personen implementiert werden, welche die administrative Durchführung dieser vorantreiben bzw. vollziehen.[91]

6.1.2 Monetäre Instrumente

Das wohl am meisten bekannte und auch diskutierte monetäre Instrument ist die Besteuerung der Umweltnutzung und der Energienutzung. In marktwirtschaftlich organisierten Systemen sind Kosten und Preise die maßgebliche

---

[90] Vgl. Espey, 2001, S.28.
[91] Vgl. Espey, 2001, S.38ff.

Größe für die Austauschprozesse von Dienstleistungen und Gütern. An dieser Stelle ist es Aufgabe der finanziellen Maßnahmen diese Parameter zugunsten der erneuerbaren Energien positiv zu beeinflussen. Eine Variante sind die zweckgebunden Abgaben, die mit dem Ziel erhoben werden, die Einnahmen einer vorher festgelegten Verwendung zuzuführen. So stehen Beiträge und Gebühren grundsätzlich im Zusammenhang mit der Verwendung für einen bestimmten Zweck.[92] Das Aufkommen ist hierbei relativ leicht zu bestimmen, weil alle Nutzer eines bestimmten Dienstes zu einer Zahlung der Gebühr verpflichtet sind. Die Vergabe von Lizenzen und Konzessionen im Energiesektor hat einen hauptsächlichen Finanzierungscharakter und keine Lenkungsfunktion. Steuern sind grundsätzlich nicht zweckgebunden. Sie dienen meistens der Finanzierung von Haushaltsaufgaben. Die Idee zu einer Steuer für die Benutzung der Umwelt geht auf Arthur Cecil Pigou zurück. Pigous Idee war es, alle Wirtschaftssubjekte mit auftretenden Emissionen, die als externe Effekte Umweltschäden verursachten, mit einer Pigou-Steuer zu belegen. So sollte die Differenz zwischen einzelwirtschaftlichen Kosten und sozialen Kosten internalisiert werden. Der Nutzen und die Kosten einer Emissionsvermeidung sind schwer messbar und in einem Steuersatz aufgelegt. In der Realität ist es daher nicht umsetzbar. Auf Pigous Modell basierend entstand der Standard-Preis-Ansatz von Baumol/Oates. Bei diesem Modell werden die Abgaben so festgelegt, dass ein politisch formuliertes Ziel an Umweltschutz erreicht wird. Die Höhe der Steuer wird so gewählt, dass sie eine Emissionsvermeidung bewirkt. Die Höhe wird in einem Suchprozess ermittelt, bei dem anfangs nicht alle Informationen über die Grenzkosten und Grenznutzen bekannt sein müssen.

---

[92] Vgl. Woll, 1992, S.642.

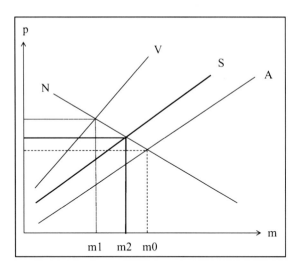

Abbildung 5: Auswirkungen der Energie- und Umweltsteuer[93]

Die Wirkung einer Energiesteuer wird anhand der obigen Abbildung erklärt (vgl. Abbildung 5): Das Angebot ist (A), das unter den volkswirtschaftlichen Kosten (V) liegt, die Nachfrage nach Energie ist (N). Falls eine Steuer in Höhe der kompletten Kosten erhoben wird, so wird (V) die neue Angebotskurve darstellen. Die Nachfrage geht zurück (m1), wenn der Preis steigt (p1). Die Nachfrager werden nun auf günstigere Substitutionsangebote (S) eingehen, um keine Steuern zahlen zu müssen. Wenn aufgrund der Steuer die Kosten von konventionellen Energieträgern internalisiert sind, wären nun die erneuerbaren Energien wettbewerbsfähig, unter der Voraussetzung, dass die erneuerbaren Energien von der Steuer befreit sind. Dieser Effekt könnte weiterhin verstärkt werden, indem das Steueraufkommen, das durch die Besteuerung von konventionellen Energieträgern entsteht, jetzt für die Träger der erneuerbaren Energie verwendet wird. Wenn das Steueraufkommen lediglich rückverteilt wird, kann dies unter Umständen dazu führen, dass das zusätzliche Einkommen wieder ausgegeben wird und so wieder die Ausgangssituation entsteht.[94] Es gibt verschiedene Möglichkeiten, öffentliche Ausgaben als Instrument im Bereich der erneuerbaren Energien einzusetzen. So können z.B. Mittel für bestimmte

---

[93] Eigene Darstellung i.A.a. Pfaffenberger, 1998, S.80.
[94] Vgl. Pfaffenberger ,1998, S.91-92.

Förderprogramme bereitgestellt werden. Zusätzlich können Forschungs- und Entwicklungsprojekte ausgegeben werden oder aber Institutionen finanziert sowie Privatpersonen und Unternehmen subventioniert werden. Ein weiteres wichtiges Finanzierungsinstrument sind die nicht-fiskalischen staatlichen Maßnahmen. Diese können die Finanzierung bzw. Preisgestaltung direkt in die gewünschte Richtung korrigieren ohne den Staatshaushalt negativ zu berühren. Die Kosten hierfür werden dann von den Wirtschaftssubjekten getragen.[95]

6.1.2.1 Einspeisevergütung

Das wohl wichtigste Instrument der Preissteuerung für die Erneuerbaren Energien ist die Einspeisevergütung, welche im Rahmen von Gesetzen staatlich festgelegt wird. Hierbei werden die Energieversorgungsunternehmen dazu verpflichtet regenerativ erzeugten Strom in Ihr Netz zu speisen. Der Vergütungssatz ist dabei fix definiert. Die Vorteile, die sich durch einen gesetzlich festgelegten Einspeisetarif ergeben, sind für private Investitionen von enormer Bedeutung. Wenn der Vergütungssatz für den regenerativ erzeugten Strom hoch genug ist und er in unbegrenzter Menge abgenommen wird, können die Privaten diese langfristigen Investitionen tätigen und ihre Vorhaben sicher kalkulieren bzw. besitzen sie dann eine entsprechende gesetzliche Planungssicherheit. Die Vergütung soll auch den Technologien helfen, schneller in die Marktreife und zu einer wirtschaftlichen Basis bzw. Struktur zu gelangen, um so die Produktionszahlen zu erhöhen. Durch den bundesweiten Geltungsbereich werden für Investoren auch strukturschwache Regionen hinsichtlich der Errichtung von Erneuerbare-Energie-Anlagen attraktiver. Da sich die Anlagen jedoch auch an ungünstigen Standorten betriebswirtschaftlich rechnen, kann dies zu Allokationsverzerrungen führen, wenn noch nicht alle günstigen Standorte genutzt werden. Zudem können Mitnahmeeffekte auftreten, und zwar auch bei den Anlagen, die ohne entsprechende Vergütungssätze wirtschaftlich wären. Die Kosten werden im jedem Fall auf die Endverbraucher umgelegt und entziehen diesen somit an Kaufkraft. Die dadurch entstehenden Strompreiserhöhungen führen zu negativen Verteilungseffekten zu Lasten der einkommens-

---

[95] Vgl. Espey, 2001, S.50.

schwachen Bevölkerungsschichten.[96] Weitere Fehlallokationen lassen sich feststellen, wenn durch die langfristig sichere Höhe der Vergütungssätze die Anreize zu gering sind, um Kosteneinsparungen zu vollbringen. Denn auch Anlagen, die ineffizient arbeiten, können trotzdem eine positive Rendite erwirtschaften. Eine Lösung für diese Probleme wäre, eine variable Vergütung entsprechend der verwendeten technologischen Standards festzuhalten. Da jedoch Informationsasymmetrien zwischen Unternehmen und Staat bestehen und der Staat somit nicht alle vollständigen Informationen zur Verfügung hat, ist diese Lösung in der Praxis nur schwer umsetzbar. Trotz dieser Schwierigkeiten lässt sich zusammenfassend schlussfolgern, dass dieses Instrument starke Impulse für erneuerbare Energien setzen kann und zu einem Ausbau der Kapazitäten führt. Es kann somit als effektives Mittel zur Markteinführung von erneuerbaren Energien betrachtet werden. Jedoch kann es aufgrund der Allokationsverzerrungen nicht als dauerhaftes Instrument eingesetzt werden. Diese finanziellen Maßnahmen sind als marktkonform anzusehen, da sie den Marktmechanismus nicht außer Kraft setzen, sondern sich lediglich die Märkte zunutze machen, die die gewünschten Ergebnisse erreichen.[97]

6.1.3 Mengensteuerung

Bei Modellen der Mengensteuerung wird nicht am Preis angesetzt. Es werden hier andere ökonomische Parameter festgelegt. So wird vom Staat eine bestimmte Menge festgelegt, an die sich die Marktteilnehmer halten müssen.

6.1.3.1 Das Quotenmodell

Dieses Modell wird in anderen Europäischen Ländern verwendet. Hierbei wird eine Höchst- oder Mindestmenge staatlich festgelegt, an welche sich die Unternehmen halten müssen. Das Quotenmodell kann auf alle erneuerbaren Energien herangezogen werden und kann auch zwischen diesen unterscheiden. Zusätzlich zu dem Preis, den die Erzeuger von erneuerbaren Energien für Ihren Strom erhalten, bekommen sie handelbare Zertifikate. Diese stellen weitere

---

[96] Vgl. et-Energiewirtschaftliche Tagesfragen, 1997, S.202.
[97] Vgl. Espey, 2001, S.54.

Wertobjekte dar und können auf dem entsprechenden Markt gehandelt werden. Somit erzielen die Unternehmen zusätzliche Einnahmen. Wenn also ein Unternehmen zu wenig Strom aus erneuerbaren Energien produziert, um die Quote zu erfüllen, bleiben ihm folgende Möglichkeiten:

- Strom aus erneuerbaren Energien kann physisch zugekauft werden und damit die auch die Zertifikate.
- Es können weitere Zertifikate von anderen Anbietern erworben werden, somit wird eine Anlage zu Produktion von Erneuerbaren Energien mitfinanziert.
- Das Unternehmen kann eine eigene Anlage zur Produktion von Strom aus erneuerbaren Energien installieren.[98]

Für die Unternehmen hat dieses Modell ein höheres Risiko als bei einer garantierten Einspeisevergütung. Denn der Strom kann nur dann abgesetzt werden, wenn er entsprechend günstig ist. Es besteht hier also ein Anreiz, möglichst zu geringen Kosten zu produzieren. Denn wenn ein höheres Einkommen benötigt wird, als es der Preis für Zertifikate zulässt, um weiterhin eine positive Rendite zu erzielen, muss der dabei entstehende Differenzbetrag vom Unternehmen selbst ausgeglichen werden. Dies wiederum kann zu dem Anreiz führen, innovative Technologien und Größendegressionseffekte zu realisieren. Die Kosten werden bei diesem Modell ebenfalls auf den Endverbraucher umgelegt und entsprechen etwa denen der Einspeisevergütung. Vorteile bei diesem Modell sind, dass auf der Angebotsseite die kostengünstigsten Alternativen realisiert werden. Etwaige Wettbewerbsverzerrungen treten nicht auf, da die Quote für alle Unternehmen gleich hoch ist. Zudem greift der Staat bei dem Quotenmodell nicht direkt ein, denn er legt lediglich die Quote fest. Das Quotenmodell mit dem zusätzlichen Emissionshandel eignet sich somit für bereits ausgereifte Technologien der erneuerbaren Energien.[99]

---

[98] Vgl. Pfaffenberger, 1997, S. 100.
[99] Vgl. Espey, 2001, S.60.

6.1.4 Förderprogramme

Förderprogramme basieren hauptsächlich auf Subventionen. Hierbei werden erneuerbare Energien mit gezielten Mitteln unterstützt. Unterschiedliche Technologien können so entsprechend ihrer Marktreife bzw. in den jeweiligen Stadien gefördert werden. Es müssen hierbei folgende Aspekte beachtet werden:

- Eine klare Definition der Zielgruppe
- Gesamtbudget
- Ziele des Programms
- Laufzeit
- Werbung für das Programm

Nachteile können dann entstehen, wenn es zu einer Dauersubvention kommt und somit zu volkswirtschaftlichen Verlusten. Daher sind Förderprogramme insbesondere nur bei den Technologien zu verwenden, die noch am Beginn der Entwicklung stehen, um die Forschung und Entwicklung sowie die erste praktische Anwendung zu beschleunigen.[100]

6.2 Bewertung

Die hauptsächlichen Ziele der Förderinstrumente der erneuerbaren Energien sollen eine ökologische Energieversorgung vorantreiben, die Emissionen eingrenzen sowie den Verbrauch an fossilen Ressourcen eindämmen. Zudem soll durch eine Energieversorgung aus erneuerbaren Energien die Unabhängigkeit gegenüber den Rohstoffimporten erhöhen. Desweiteren sollen das BIP durch Exporte erhöht werden, neue Arbeitsplätze sollen geschaffen werden und es sollen zusätzlich positive Regionaleffekte generiert werden. Insgesamt soll die gesamtwirtschaftliche Wohlfahrt gesteigert werden. Jedoch dürfen die Instrumente auch nicht diskriminieren. Die entstehenden Kosten sollten zu gleichen Anteilen auf die Betroffenen verteilt werden. Eine Vergütungspflicht für die Energieversorgungsunternehmen bei den erneuerbaren Energien hat in der Praxis gezeigt, dass sie zu einer Zunahme der Kapazitäten der erneuerbaren

---

[100] Vgl. Gutermuth 1997, S. 279.

Energien führt. Das Instrument der Einspeisevergütung führt in jedem Fall zu einer Steigerung der regenerativ erzeugten Energien. Jedoch muss berücksichtigt werden, inwieweit CO_2 effektiv eingespart worden ist. Denn dies hängt auch von der gesamten Entwicklung des Energiebedarfs ab und ob die entstandenen regenerativen Kapazitäten fossile Kraftwerke ersetzen. Desweiteren lassen sich Mitnahmeeffekte nicht bestimmen. Eine fixierte Einspeisevergütung führt zu keinem Wettbewerb der Anbieter erneuerbarer Energien, denn in einem vollkommenen Markt würde ein hoher Preis zu einer sinkenden Nachfrage führen. Hier sind jedoch die Nachfrager, also die Energiekonzerne, verpflichtet den erzeugten Strom abzunehmen und zu vergüten. Die Effizienz der Einspeisevergütung lässt sich aufgrund der nicht zu ermittelnden Mitnahmeeffekte nicht exakt feststellen. Zudem kann eine Einspeisevergütung innovationshemmend wirken, da auch weniger effiziente Technologien mit dem gleichen Vergütungssatz entlohnt werden. Beim Quotenmodell mit handelbaren Zertifikaten kann die Steigerung der Kapazitäten der erneuerbaren Energien treffsicher gesteuert werden. Die Quote wird vom Staat festgelegt, um die gewünschten Ziele zu erreichen. Die Anzahl und die Geschwindigkeit des Wachstums von erneuerbaren Energien werden durch die Höhe und das Wachstum der Quote bestimmt. Wenn man von einem insgesamt steigenden Energieverbrauch ausgeht, wird auch eine absolute Steigerung erreicht. Inwieweit der CO_2-Ausstoß vermindert wird, hängt wie bei der Einspeisevergütung von den Substitutionseffekten ab. Einen weiteren Einfluss auf dieses Modell haben einerseits die makroökonomischen Faktoren und andererseits die Preise, welche die Wirtschaftssubjekte mit dem Handel der Zertifikate erzielen können. Beim Quotenmodell wird den Wirtschaftssubjekten mehr Spielraum gelassen als bei der Einspeisevergütung, denn sie können frei wählen wie sie die Quote erfüllen. Dies führt wiederum zu einem Wettbewerb unter den Wirtschaftssubjekten um die effizienteste Technologie. Auf diese Weise werden Innovationen gefördert. Förderprogramme können unter der Voraussetzung, dass sie richtig eingesetzt werden, hohe Zielerreichungsgrade haben. So ist das Anliegen durch Förderprogrammhilfen zu gewähren, um die Kostendifferenz zu konventionellen Energieträgern zu verringern. Förderprogramme sollen helfen, Technologien schneller in das Stadium der Marktreife zu bringen, um somit eine Massenfertigung zu ermöglichen. Auf diese Weise können Förderprogramme gut mit der Einspeisevergütung oder dem Quotenmodell kombiniert werden, um die gewünschten Ziele zu verwirklichen. [101]

7. Anreizwirkungen der EEG auf die Wertschöpfungskette

In diesem Kapitel werden die tatsächlichen Anreizwirkungen auf die Wertschöpfungskette im Offshore-Bereich mithilfe von gezielten Umfragen sowie ergänzenden Bilanzanalysen untersucht. Die Umfrage basiert auf einem Fragebogen, der exemplarisch über die Anreizwirkungen von vier Unternehmen aus den Bereichen Energieversorgungsunternehmen, Zulieferer und Logistik Auskunft gibt (vgl. Anhang). Die Hersteller von Windenergieanlagen haben übereinstimmend ihre Zusammenarbeit an dieser Umfrage verweigert.

7.1 Auswertungen der Umfrage

Die Umfrage richtete sich an jeweils vier Unternehmen der Wertschöpfungskette im Offshore-Bereich, um repräsentative Ergebnisse zu ermitteln. Die Fragen zielten darauf ab, inwieweit die bundesdeutschen Förderinstrumente eine Anreizwirkung auf das jeweilige Unternehmen haben.

7.1.1 Energieversorger

Die Energiekonzerne haben eindeutig bestätigt, dass es ohne die EEG-Förderung zu keinem Ausbau von Offshore-Windparks in Deutschland käme. So bildet die EEG-Förderung die Grundlage für den Ausbau. Nur durch die garantierte Einspeisevergütung werden die meisten Offshore-Projekte wirtschaftlich, da sie mit hohen wirtschaftlichen Risiken verbunden sind. So nehmen die bereits getätigten und für die Zukunft geplanten Investitionen in Offshore-Projekte zu. Jedoch muss klar hervorgehoben werden, dass Deutschland nur ein Markt unter weltweit vielen ist, der hinsichtlich der Förderung in Konkurrenz zu anderen Staaten steht, die andere Förderregime favorisieren.

---

[101] Vgl. Espey, 2001, S. 93ff.

Für Deutschland lässt sich daraus schussfolgern, dass hiesige Projekte zunächst zu Gunsten anderer Projekte in anderen Staaten „geschoben" werden, da dort höhere Renditen erzielt werden können. Die Förderung durch das EEG ist somit von zentraler Bedeutung, jedoch noch nicht so attraktiv wie in anderen Ländern. Dies belegt die Anzahl der bereits installierten Offshore-Windparks in Deutschland. Hier wurde erst im Jahr 2011 der erste kommerzielle Offshore-Windpark in Betrieb genommen. Durch die EEG-Novelle versucht die Regierung einen weiteren Schritt zu unternehmen, um die Rendite von Offshore-Windparks positiv zu beeinflussen und dem Offshore-Markt auch in Deutschland zum Durchbruch zu verhelfen. So ist die neue Förderung, speziell das Stauchungsmodell, ein wichtiger Schritt in diese Richtung, da damit auch fremdfinanzierte (von Banken finanzierte) Projekte eine Chance auf eine Umsetzung haben. Aber es bleibt dabei, dass die hohen finanziellen Risiken, die beim Bau von Offshore-Windparks auftreten, sich in der aktuellen Förderung noch nicht vollständig widerspiegeln. Unter anderem bilden die langwierigen und kostenintensiven Genehmigungsverfahren sowie der dringend benötigte Ausbau der Hochspannungstrassen für Strom von Nord nach Süd ein hohes Risiko. Insofern bleibt abzuwarten, wie sich der deutsche Offshore-Markt in den kommenden Jahren entwickelt.

7.1.2 Logistikunternehmen

Bei den Logistikunternehmen wurde klar ermittelt, dass keine direkten Anreize durch das EEG für diese Branche bestehen. Vielmehr profitieren die Logistiker indirekt. Wenn die Betreiber sich zum Bau neuer Offshore-Windparks entschließen, verteilen sie gleichzeitig Logistikaufträge für die neuen Projekte. Der Förderungseffekt durch das EEG, gemessen am Umsatz der letzten Periode, beträgt im Durchschnitt 15%. Die Logistiker hoffen auf einen weiteren Ausbau von Offshore-Windparks, um weitere Aufträge zu erhalten. Somit ist das EEG auch bei den Logistikunternehmen von zentraler Bedeutung, da sie eine mittelbare Wirkung auf den Unternehmenserfolg haben. Dies verdeutlicht die aktuelle EEG-Novelle. Sie führt wegen der gestiegenen Anzahl von geplanten Offshore-Windprojekten bei den Logistikunternehmen unmittelbar zu zahlreichen Anfragen für den Bereich Logistik für die Offshore-Windindustrie. Jedoch bemängeln die Logistikunternehmen als größte Hemmnisse die Schwierigkeiten bei der Finanzierung sowie die Bürokratie bei den Genehmigungsverfahren.

7.1.3 Zulieferer

Die Zulieferer der WEA-Hersteller erhalten keinen direkten Anreiz aus dem EEG. So konnten die Zulieferer auch bislang nicht feststellen, dass sich durch das EEG die Anzahl der neu gefertigten WEA gestiegen ist. Jedoch wird erwartet, dass der vorgezogene Atomausstieg, der Fukushima-GAU und das EEG einen Anstieg der Anzahl an WEA zur Folge haben werden. Somit ist die EEG-Novelle ein weiterer nötiger Schritt, damit durch die indirekten Anreize der WEA-Hersteller die Zulieferer profitieren können. Desweiteren lag im Jahr 2010 der Anteil der neuinstallierten Leistung in MW in Deutschland bei weniger als 5% der weltweit installierten Leistung. Hieraus lässt sich erkennen, dass das EEG bislang nur wenige Anreize setzen konnte. Die Zulieferer der WEA-Hersteller müssen global agieren und sind Partner der weltweiten Windindustrie. Die Kunden kommen momentan noch zum größten Teil aus anderen europäischen Ländern, Asien und den USA. So ist für die Zulieferer die Förderung der Offshore-Windenergie durch die jeweiligen Länder von großer Bedeutung. Die gesetzlichen Regelungen haben in den wichtigen Märkten wie USA und Großbritannien enorme positive Einflüsse auf die Umsätze. So erhoffen sich die Zulieferer, dass durch die EEG Novelle auch die Nachfrage nach Komponenten in Deutschland einen höheren Absatz findet, da Deutschland in Zukunft ein wichtiger Offshore-Markt sein wird. Momentan gibt es jedoch weltweit bei den Zulieferern und WEA-Herstellen einen intensiven Wettbewerb und einen starken Preisdruck mit Konsequenzen für die Ergebnismargen.

7.2 Fundamentale Betrachtung der Anreizwirkungen

In diesem Abschnitt wird die unabhängige fundamentale Situation anhand von Geschäftsberichten der letzten Jahre von Unternehmen aus der Offshore-Industrie analysiert. Der Fokus wird auf die Energieversorger und WEA-

Hersteller gelegt, welche sich der im Rahmen der vorliegenden Studie durchgeführten Umfrage entzogen haben.

7.2.1 WEA-Hersteller

Die WEA-Hersteller erleben zurzeit einen intensiven Wettbewerb. Im Markt für WEA-Anlagen sind Überkapazitäten vorhanden und ein Preiswettbewerb entsteht. Gerade in Asien sind aufgrund von hohen Förderungen zahlreiche neue Produktionsstätten entstanden. Die WEA-Hersteller müssen, um profitabel zu sein, ihre Kosten ständig senken um eine akzeptable Gewinnmarge zu erwirtschaften. Die Hersteller von WEA erwirtschafteten mit der Produktion in Deutschland im Jahr 2010 etwa einen Umsatz von 4,97 Mrd. Euro (vgl. Abbildung 7). Der Anteil am weltweiten Umsatz beträgt somit 13,8%. Die Exportquote verringerte sich im letzten Jahr von 70% auf 66%. Die gesamten Investitionen verringerten sich jedoch von 2,17 Mrd. auf nur noch 1,76 Mrd. in 2010 (vgl. Abbildung 6). Zum Vergleich: Es wurden weltweit über 36,05 Mrd. investiert, was bedeutet, dass in Deutschland der Anteil weniger als 5% betrug. Die Anzahl der direkten und indirekten Arbeitsplätze sank von 100.000 auf 96.100.[102] Desweiteren sind Windenergie-Kapazitäten von 25 MW im Offshore-Bereich entstanden. Somit wird deutlich, dass der deutsche Markt zurzeit nur eine sehr geringe Rolle für die WEA-Hersteller spielt. China hingegen hatte im Jahr 2010 einen Zuwachs von 50% an neuinstallierten WEA und ist somit mit Abstand der stärkste Markt weltweit. Aufgrund von Marktbarrieren ist der Eintritt in den Markt für ausländische Unternehmen nicht einfach.[103] Deswegen versuchen die Hersteller, ähnlich wie in der Automobilbranche, den Zugang über lokale strategische Kooperationen zu erleichtern. Die EEG Novelle 2012 sorgt auch bei den WEA-Herstellern für leichten Optimismus, denn sie ermöglicht eine langfristige Planung. So sind zurzeit weitere Projekte im Umfang von 2000 MW vertraglich zugesichert, was einem Volumen von 6 Mrd. Euro entspricht. So gehen die WEA-Hersteller davon aus, dass sich die Situation auf Ihrem Heimatmarkt verbessert, da z.B. die chinesischen Hersteller ihre Lohnkostenvorteile aufgrund der hohen Logistikkosten von China nach

---

[102] Vgl. Bundesverband Windindustrie, 2010.
[103] Vgl. Nordex AG, 2011.

z.B. Deutschland nicht nutzen können. Weitergehend sind die WEA ein technisch sehr anspruchsvolles Produkt, was die Nachbauten für z.B. chinesische Unternehmen erschwert, im Gegensatz zu Photovoltaikmodulen, welche zu einem enormen Preisverfall auf diesem Markt gesorgt haben.[104]

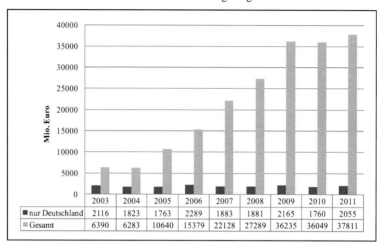

Abbildung 6: Investitionen in Windenergieanlagen 2003 bis 2010 – Prognose 2011[105]

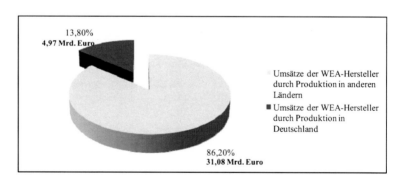

Abbildung 7: Umsätze der WEA-Hersteller im Jahr 2010[106]

---

[104] Vgl. Dena, 2011b.
[105] Eigene Darstellung i.A.a. Bundesverband Windenergie
[106] Eigene Darstellung i.A.a. Bundesverband Windenergie.

7.2.2 Energieversorger

Durch den vorzeitigen Atomausstieg, den die Bundesregierung im Zuge des Fukushima-GAU beschlossen hat, stehen die Unternehmen im Energiesektor vor einem Umbau. Somit werden auch die Projekte bei den erneuerbaren Energien vorangetrieben. Insbesondere durch den Bau von Offshore-Windparks soll die Zukunft gesichert werden. Aktuelle Kennzahlen zu der Bedeutung der erneuerbaren Energien bei den vier Marktführern in Deutschland liefert folgende Grafik (vgl. Tabelle 9):

Energieversorger	RWE	EON	Vattenfall	EnBw
Erneuerbare E. Umsatz 2010	0,69%	0,5%	3,87%	1,83%
Erneuerbare E. Umsatz 2010	0,51%	0,83%	3,79%	1,73%
Investitionen Erneuerbare E. 2010	9,24%	13,28%	29,26%	23,03%
Investitionen Erneuerbare E. 2009	2,86%	12,28%	20,82%	3,5%

Tabelle 9: Anteil an erneuerbaren Energien[107]

So lässt sich erkennen, dass bislang der Anteil der erneuerbaren Energien am gesamten Umsatz bei allen Konzernen nur einen sehr geringen Anteil von 0,5% - 3% im Jahr 2010 ausgemacht hat. Jedoch lässt sich auch erkennen, dass bereits bei den Investitionen ein Zuwachs entstanden ist. So betrugen die Anteile an Investitionen in erneuerbare Energien an den gesamten Investitionen zwischen 9,24% und 29,03%. Das Problem jedoch ist, dass die EEG-Förderung bislang nur EnBw zu dem Bau und der Inbetriebnahme eines Offshore-Windparks mit 21 WEA und 50 MW genügend Anreizwirkungen gab. So gesehen beziehen sich die größten Teile der Investitionen auf Offshore-Projekte im Ausland. So hat alleine RWE in die Offshore-Windparks vor GB ca. 12 Mrd. investiert. Bei einem Konkurrenten von RWE hatte die EEG-Förderung direkte Anreize bewirkt: für Offshore-Projekte mit einer Leistung

---

[107] Eigene Darstellung

von 500 MW und weitere geplante Offshore-Projekte mit einer MW Leistung von 1.100.[108]

7.3 Zusammenfassung und Ausblick

Es lässt sich festhalten, dass sich die Konkurrenz unter den Energiekonzernen in Grenzen hält. Da sich der deutsche Offshore-Markt noch im Anfangsstadium befindet, gibt es bislang keine eindeutige Strategie der Unternehmen. Aufgrund von Unsicherheiten und bislang unbekannten Risiken versuchen die Betreiber, Risiken zu minimieren und kooperieren miteinander. In diesem neuen Markt für Offshore-Wind fehlt es bislang an standardisierten Prozessen. Ein Wettbewerb entsteht lediglich um die bereitstehenden Mittel wie das 5 Mrd. KfW-Programm und um den schnellen Aufbau von Know-How. Auch beim Wissenstransfer sowie Wissensaufbau werden unterschiedliche Strategien verfolgt. So versucht die BARD Gruppe Know-How in der gesamten Wertschöpfungskette aufzubauen, wohingegen sich die großen Energiekonzerne mit strategischen Kooperationen behelfen. Die Energiekonzerne sind bereit, sich für die Energiewende neu aufzustellen und arbeiten mit Hochdruck an Lösungen. So bündelt die RWE AG in der Unternehmenstochter RWE Innogy ihre Aktivitäten für erneuerbare Energien. Schwerpunkte liegen hier bei On- und Offshore- sowie Biogasanlagen, Gezeitenkraftwerken und Solarthermiekraftwerken. So plant RWE Innogy bis zum Jahr 2020 jedes Jahr 1,3 MRD Euro in erneuerbare Energien zu investieren und ihr Ökostrom Kapazitäten in Nordrhein-Westfalen zu verdreifachen.[109] Jedoch muss die Bedeutung für die Offshore-Projekte hervorgehoben werden, da eigens hierfür eine RWE Offshore Logistics Company GmbH gegründet worden ist, die für die logistische Umsetzung der Offshore-Windprojekte verantwortlich ist. Zusätzlich betreibt die Offshore Logistics Company eine Hafenanlage im Bremerhaven und steuert zwei speziell angefertigte Spezialschiffe. Ein weiterer Vorteil für die großen Energiekonzerne ist sicherlich ihre Bonität und somit ihr Zugang zu Finanzierungsquellen für die Offshore-Windparks. Die WEA-Hersteller unterscheiden sich momen-

---

[108] Vgl. RWE AG, 2011; EON AG, 2011; EnBW AG, 2011; Vattenfall AG, 2011; Börse-Ard, 2011.

tan nur durch die MW-Leistungen und die Tiefe des Servicegrades. Ausgenommen davon ist der Hersteller BARD, welcher zurzeit ausschließlich für den Eigenbedarf produziert. So findet Wettbewerb aktuell in der Forschung und Entwicklung statt. Es geht den WEA-Herstellern darum, die Technologieführerschaft zu gewinnen sowie leistungsfähige, widerstandsfähige und wartungsarme Anlagen zu entwickeln. Bei den Logistikunternehmen herrscht derzeit noch kein reger Wettbewerb, da die Kapazitäten ausreichend belegt sind. Jedoch sind noch viele Spezialschiffe im Bau und spätestens nach ihrer Fertigstellung wird es einen Wettbewerb um Aufträge geben. Ergänzend muss hinzugefügt werden, dass die Anlagenhersteller sowie die Zulieferer zurzeit einfach zu substituieren sind. Abschließend lässt sich festhalten, dass die EEG-Förderung, dabei insbesondere die Einspeisevergütung, die garantierte Abnahme des produzierten Stroms sowie das Stauchungsmodell, die Rendite eines Offshore-Parks steigern und somit direkte Anreize für die Betreiber von Offshore-Windparks setzen. Inwieweit diese Anreize durch Bestellungen von WEA und Logistik weitergereicht wird, lässt sich nicht pauschal beurteilen. Denn die WEA-Hersteller und deren Zulieferer sind leicht zu wechseln, wodurch ein Preiswettbewerb entsteht. Bei den Logistikunternehmen ist dies momentan nicht der Fall, allerdings wird sich spätestens mit Fertigstellung neuer Spezialschiffe ein stärkerer Wettbewerb einstellen. Aufgrund der hohen finanziellen Anforderungen und des nötigen ökonomischen Fachwissens zum Betrieb eines Offshore-Windparks sind die großen Energiekonzerne klar im Vorteil, denn durch diese Marktbarrieren bleiben neue Betreiber, die in Konkurrenz zu den Energiekonzernen stehen würden, noch fern. So bleibt es für die Energiekonzerne kurzfristig bei der Konkurrenz ums Know-How und eine effektive Positionierung im Markt.[110] Zudem lassen sich aktuell bereits Tendenzen erkennen, die auf einen Durchbruch der Offshore-Windenergie deuten. So investieren Branchenfremde Unternehmen hohe Investitionssummen in neue Offshore-Parks. Unter anderem investierte die Firma Blackstone 1-2 Mrd. Euro, Volkswagen 1 Mrd. sowie Audi einen zweistelligen Millionenbetrag. Der Hintergrund ist mitunter, dass Blackstone mittlerweile von einer erzielbaren Rendite von 15-20% ausgeht. Bei den Autoherstellern geht es in erster Linie

---

[110] Vgl. Jade Hochschule / Fachbereich Seefahrt Elsfleth, 2011.

darum, von dem erneuerbare-Energien-Trend zu profitieren und gleichzeitig seinen Kunden Ökostrom für die kommenden Elektrofahrzeuge anzubieten. Weiterhin wollen die Hersteller mit Elektroautos ihren gesamten Flottenverbrauch im Durchschnitt senken. So geht man bei Daimler davon aus, dass im Jahr 2012 20.000 Elektrosmarts den CO2 Emissionswert von 150 Milligramm auf 142 Milligramm senken und Daimler eine um 600 Mio. Euro reduzierte Emissionsstrafzahlung zu verrichten hat.[111] Hier wird es in Zukunft sicher verstärkt weitere strategische Partnerschaften zwischen Energiekonzernen und Autoherstellern geben.[112]

8. Fazit

Die zentrale Frage dieser Studie war darin begründet, welche Anreizwirkungen die bundesdeutsche Förderung auf die Wertschöpfungskette im Markt für Offshore-Windenergie hat. Hierbei lag der Fokus auf das EEG, welches zum Ziel hat, die erneuerbaren Energien auszubauen. Das EEG muss sich an seiner Zielfestlegung messen lassen, und zwar bis zum Jahr 2020 eine MW-Leistung von 20.000 im Offshore-Bereich zu erreichen. Da bislang erst ein kommerzieller Offshore-Park mit einer MW-Leistung von 50 in Betrieb genommen wurde, ist dieses Ziel als utopisch anzusehen. An dieser Stelle muss man das EEG kritisch hinterfragen und überlegen, ob die Einführung eines Quotenmodells nicht die effektivere Lösung zur Erreichung der Ziele wäre. So gesehen ist die EEG-Novelle 2012 ein Schritt in die richtige Richtung, denn sie setzt Anreize in Form von höherer Einspeisevergütung, Verschiebung des Degressionsbeginns, das Stauchungsmodell, bei dem die Anfangsvergütung auf 19 ct/kWh steigt, die Streichung der Befristung der Netzanbindungspflicht sowie das 5Mrd.-Programm der KfW. Die Änderung dieser Parameter steigert die Rendite eines Offshore-Parks und lockt zunehmend auch ausländische Investoren. Jedoch muss das bis dahin langwierige Genehmigungsverfahren in seiner Bürokratie, Dauer und seinen Kosten reduziert werden. Weitergehend wurde im Detail analysiert, welche Anreize diese Förderung auf die Teilnehmer in der Wertschöpfungskette ausübt. Mithilfe einer Umfrage wurden die tatsächlichen

---

[111] Vgl. P.M. Magazin, 2011.
[112] Vgl. Manager-Magazin, 2011.

Anreize bei den jeweiligen Unternehmen der zugehörigen Kette erfasst. Nach Auswertung der Umfrage kommt man zu dem Urteil, dass die Anreizwirkungen der jeweiligen Kette unterschiedlich ausfallen. So bildet bei den Energieversorgern die EEG-Förderung die Grundlage für bestehende und geplante Investitionen in Offshore-Windparks. Jedoch muss hierbei beachtet werden, dass Investitionen in anderen Ländern bis dahin aufgrund von höheren Renditeerwartungen bevorzugt worden sind.

Der kommerzielle Einstieg mit dieser erneuten EEG Änderung muss jetzt gelingen, schließlich geht es nun auch darum, dass lange Zeit geplante Projekte umgesetzt werden und die deutsche Offshore-Windenergiebranche sich im internationalen Wettbewerb nicht nur behauptet, sondern vielmehr eine Vorreiterrolle einnimmt. Aus diesem Grund möchte die Bundesregierung auch ein Zeichen setzen, dass sich das Risiko für potentielle Investoren durchaus lohnt und letztlich honoriert wird.[113] Die Unternehmen aus der Logistik profitieren indirekt von der EEG-Förderung: Wenn neue Offshore-Windparks geplant und gebaut werden, erhöht sich auch gleichzeitig die Nachfrage nach logistischen Dienstleistungen in diesem Bereich. Bei den Zulieferern ergab das EEG keine direkten Anreize, jedoch konnte auch nicht festgestellt werden, dass die Nachfrage nach WEA zugenommen hat und dadurch die Nachfrage nach Komponenten gestärkt wurde. Dies liegt an der teilweise leichten Substituierbarkeit der Produkte und dem daraus folgenden Preisdruck. Bei den Herstellern von WEA zeigt sich ein ähnliches Bild, da selbst durch neu geplante Offshore-Parks die Nachfrage theoretisch nach diesen Produkten zunimmt. In der Praxis macht sich das allerdings nicht in der Gewinnmarge bemerkbar, weil ein starker Wettbewerb herrscht und dies die Preise für die Produkte drückt, was durch die Substitution von WEA vergrößert wird. Zudem wurde untersucht, welche Auswirkungen die EEG-Förderung auf die Bildung von regionalen Clusters hat. Hierbei hat sich gezeigt, dass das EEG lediglich einen Rahmen vorgibt und Risiko und Rendite kalkulierbar macht. Die tatsächliche Ansiedlung bzw. die Standortwahl wird maßgeblich von regionalen Förderinstrumenten bestimmt. Abschließend lässt sich sagen, dass die Offshore-Windenergie in Deutschland weiterhin im Anfangsstadium ist und erst die kommenden Jahre zeigen werden,

---

[113] Vgl. Windkraft Journal, 2011.

wie schnell das geforderte Ziel der Regierung von 20.000 MW installierter Offshore-Kapazität erreicht wird. Jedoch gibt es positive Anzeichen, vor allem durch die steigende Nachfrage im Zuge der EEG-Novelle, den vorgezogenen Atomausstieg und der gesellschaftlichen Akzeptanz der Offshore-Windenergie, dass in den folgenden Jahren mit einem Wachstum bzw. weiteren Ausbau der Kapazitäten im deutschen Offshore-Markt zu rechnen bleibt, wovon dann auch heimische Hersteller, Zulieferer und Logistiker aber auch der Arbeitsmarkt sowie der Klimaschutz profitieren werden.

Anhang

**Fragenkatalog für die Studie von Jakub Jan Czyz
mit dem Thema: Die Anreizwirkungen der bundesdeutschen Förderung auf die
Wertschöpfungskette im Markt für Offshore-Windenergie**

Anreizwirkungen des Erneuerbare-Energien-Gesetzes auf Unternehmen

1. Hat die EEG Förderung ihrem operativen Geschäft einen direkten Anreiz gegebe

2.a) Falls ja: Wie hoch schätzen Sie den Förderungseffekt in % gemessen am Umsatz der letzten Periode, d.h. wie hoch war das Umsatzwachstum aufgrund der Förderung?

2.b) Falls nein: Wieso ist die Förderung an Ihrem Unternehmen vorbeigegangen?

3. Hat die EEG Förderung für Sie eine zentrale Bedeutung für das Fortbestehen Ihrer Unternehmensaktivitäten in diesem Bereich?

4. Sind Sie der Meinung, dass die EEG Novelle dem Offshore-Markt zum Durchbruch verhelfen könnte und auch die Expansion Ihres Unternehmens dadurch positiv beeinflusst wird?

5. Durch die aktuelle EEG Novelle steigen die Renditen der Offshore Windparks, welche zukünftige Prognose sehen Sie für Ihr Unternehmen?

Anhang: Umfrage zu den Anreizwirkungen auf die Wertschöpfungskette.

Literaturverzeichnis

Arndt, Holger. 2010. *Supply Chain Management: Optimierung logistischer Prozesse.* Wiesbaden : Gabler, 2010.

Asaha. 2002. Offshore Wind Farms: Analysis of Transport and Installation Costs. [Online] Februar 2002. [Zitat vom: 13. Juli 2011.] http://asaha.com/download/zMTQ1MzY3.

BIS Bremerhavener Gesellschaft . 2009. BIS Bremerhavener Gesellschaft für Investitionsförderung und Stadtentwicklung mbH. [Online] April 2009. [Zitat vom: 30. Juni 2011.] http://offshore-windport.de/fileadmin/downloads/foerderprogramme/LIP_2008__01.01.2009_.pdf.

BMU. 2011a. Bundesministerium für Umwelt, Naturschutz und Reaktorsicherheit. *Methodenüberblick zur Abschätzung der Veränderungen von Energieimporten durch den Ausbau erneuerbarer Energien.* [Online] Mai 2011a. [Zitat vom: 29. Juni 2011.] http://www.bmu.de/files/pdfs/allgemein/application/pdf/knee_1105_bf.pdf.

—. **2011b.** Bundesministerium für Umwelt, Naturschutz und Reaktorsicherheit. *Welche Wirkung hat die Förderung der erneuerbaren Energien auf den Haushalts-Strompreis?* [Online] April 2011b. [Zitat vom: 3. August 2011.] http://www.erneuerbare-energien.de/files/pdfs/allgemein/application/pdf/hintergrund_ee_umlage_bf.pdf

—. **2010.** Bundesministerium für Umwelt, Naturschutz und Reaktorsicherheit. [Online] August 2010. [Zitat vom: 27. Juni 2011.] http://www.bmu.de/erneuerbare_energien/kurzinfo/doc/3988.php.

BMWi. 2011b. Bundesministerium für Wirtschaft und Technologie. *Energieeinsparung.* [Online] Januar 2011b. [Zitat vom: 25. Mai 2011.] http://www.bmwi.de/BMWi/Navigation/Energie/Energieeffizienz-und-Energieeinsparung/energieeinsparung.html.

BMWI. 2010a. Bundesministerium für Wirtschaft und Technologie. *Energie in Deutschland.* [Online] August 2010a. [Zitat vom: 29. Juli 2011.] http://www.bmwi.de/Dateien/Energieportal/PDF/energie-in-deutschland,property=pdf,bereich=bmwi,sprache=de,rwb=true.pdf.

—. **2010b.** Bundesministerium für Wirtschaft und Technologie. *Kohle.* [Online] Januar 2010b. [Zitat vom: 11. Juli 2011.] http://www.bmwi.de/BMWi/Navigation/Energie/Energietraeger/kohle,did=190804.html?view=renderPrint.

—. **2011b.** Bundesministerium für Wirtschaft und Technologie. *Gesamtausgabe der Energiedaten - Datensammlung des BMWi.* [Online] Juni 2011b. [Zitat vom: 1. Juli 2011.] http://www.bmwi.de/BMWi/Redaktion/Binaer/energie-daten-gesamt,property=blob,bereich=bmwi,sprache=de,rwb=true.xls.

—. **2011c.** Bundesministerium für Wirtschaft und Technologie. *Energie.* [Online] Januar 2011c. [Zitat vom: 1. Juli 2011.] http://www.bmwi.de/BMWi/Navigation/Energie/energieffizienz-und-einsparung.html.

Börse-Ard. 2011. RWE macht in Sonne und Wind. [Online] 5. September 2011. [Zitat vom: 5. September 2011.] http://boerse.ard.de/content.jsp?key=dokument_558745.

Bremerhaven Online. 2011. Förderung und Finanzierung. [Online] Februar 2011. [Zitat vom: 15. Juli 2011 .] http://www.bremerhaven.de/wirtschaft-und-haefen/foerderung-und-finanzierung/.

Bruns, Elke. 2008. *Die Innovationsbiographie der Windenergie.* Berlin : Hopf, 2008.

Bundesministerium für Umwelt. 2007. www.erneuerbare-energien.de. [Online] Januar 2007. [Zitat vom: 2. Juli 2011.] http://www.erneuerbare-energien.de/files/pdfs/allgemein/application/pdf/offshore_wind_deployment_de_en.pdf.

Bundesverband Windenergie. 2007. Unendlich-viel-Energie. *Bundesverband Windenergie - Offshore Windenergie.* [Online] Januar 2007. [Zitat vom: 10. Juni 2011.] http://www.unendlich-viel-energie.de/uploads/media/Offshore.pdf.

Bundesverband Windindustrie. 2010. dewi. *Windindutrie in Deutschland-Inlandsmarkt und Exportgeschäft.* [Online] Dezember 2010. [Zitat vom: 1. Juli 2011.] http://www.dewi.de/dewi/fileadmin/pdf/publications/Statistics%20Pressemitteilungen/30.06.10/2010_07_29_Printversion_Praesentation_PK_Windindustrie.pdf.

Bundeszantrale für politische Bildung. 2008. Energie in Deutschland. [Online] September 2008. [Zitat vom: 23. Mai 2011.] http://www.bpb.de/themen/PAYLME,0,0,Energie_in_Deutschland.html.

Bundeszentrale für politische Bildung. 2011. Energie in Deutschland- Wie abhängig ist Deutschland von Energieimporten? [Online] Januar 2011. [Zitat vom: 29. Juli 2011.] http://www.bpb.de/themen/PAYLME,0,0,Energie_in_Deutschland.html.

Cook, Paul. 2009. *Regional Knowledge Economics.* Cornwall : MPG Books Bodmin, 2009.

Decision Sciences. 1998. Norm Sadeh. *Modeling Supply Chain Dynamics: A Multiagent Approach.* [Online] Dezember 1998. [Zitat vom: 2. Juli 2011.] http://www.normsadeh.com/file_download/46/SSS.pdf.

Dena. 2010. Dena. *Arbeitsmarkt Offshore-Windenergie.* [Online] Dezember 2010. [Zitat vom: 12. Juli 2011.] http://www.dena.de/fileadmin/user_upload/Download/Dokumente/Publikationen/ESD/Factsheet_Arbeitsmarkt_Offshore_Windpark.pdf.

—. **2009.** Dena. *Häfen- Infrastruktur für Offshore-Windparks.* [Online] Dezember 2009. [Zitat vom: 11. Juli 2011.] http://www.dena.de/fileadmin/user_upload/Download/Dokumente/Publikationen/ESD/100115_FS_06_-_H%C3%A4fen.pdf.

—. **2005.** Dena Aktuell. [Online] Januar 2005. [Zitat vom: 23. Mai 2011.] http://www.dena.de/services/newsletter/archiv/?no_cache=1&cid=5901&did=8445&sechash=6f33fc42.

—. **2011.** Offshore-Wind. *Offshore-Hafen Bremerhaven.* [Online] Januar 2011. [Zitat vom: 22. Juli 2011.] http://www.offshore-wind.de/page/index.php?id=10288.

Deutsche Energie Agentur. 2005. Dena. *Dena- Netzstudie.* [Online] Februar 2005. [Zitat vom: 20. Mai 2011.] http://www.dena.de/fileadmin/user_upload/Download/Dokumente/Projekte/ESD/netzstudie1/dena_netzstudie_l_zusammenfassung.pdf.

Deutsches Windenergie Institut GmbH. 2002. Erneuerbare-Energien. *Weiterer Ausbau der Windenergienutzung im Hinblick auf den Klimaschutz.* [Online] November 2002. [Zitat vom: 9. Juni 2011.] http://www.erneuerbare-energien.de/files/pdfs/allgemein/application/pdf/windenergie_studie02.pdf.

EEG-2011. 2011. Windenergie. [Online] Juli 2011. [Zitat vom: 30. Juli 2011.] http://www.eeg-2011.de/inf/einspeiseverguetung-windkraft.html.

EEG-Aktuell. 2011. Das EEG. [Online] Juli 2011. [Zitat vom: 2. August 2011.] http://www.eeg-aktuell.de/das-eeg/.

EnBW AG. 2011. Geschäftsbericht 2010. [Online] April 2011. [Zitat vom: 12. Juli 2011.] http://www.geschaeftsberichte-portal.de/gbp/upload/reports/2010/498_1_2010_1_q0_h0.pdf.

EON AG. 2011. Geschäftsbericht 2010. [Online] April 2011. [Zitat vom: 22. Juli 2011.] http://www.eon.com/de/downloads/2010_E.ON_Geschaeftsbericht.pdf.

Espey, Simone. 2001. *Internationaler Vergleich energiepolitischer Instrumente zur Förderung von regenerativen Energien in ausgewählten Industrieländern.* Bremen : Books on Demand, 2001.

et- Energiewirtschaftliche Tagesfragen. 1997. Zu den negativen Wirkungen von Einspeisevergütungen - Förderinstrumente auf dem Prüfstand. April 1997, 04/1997.

Europäisches Parlament. 2001. EUR-Lex. [Online] September 2001. [Zitat vom: 19. Juni 2011.] http://eur-lex.europa.eu/LexUriServ/LexUriServ.do?uri=OJ:L:2001:283:0033:0033:DE:PDF.

FAZ. 2011. Frankfurter Allgemeine Zeitung. *Kein Atomkraftwerk als Reserve.* [Online] 5. September 2011. [Zitat vom: 5. September 2011.] http://www.faz.net/artikel/C32436/bundesnetzagentur-kein-atomkraftwerk-als-reserve-kohlekraftwerke-ausreichend-30494570.html.

Fraunhofer Institut für System-und Innovationsforschung. 2006. Umweltbundesamt. *Monitoring und Bewertung der Förderinstrumente für Erneuerbare Energien in EU Mitgliedsstaaten.* [Online] 08 2006. [Zitat vom: 12. Juli 2011.] http://www.umweltdaten.de/publikationen/fpdf-k/k3129.pdf.

Fraunhofer-Institut für Solare Energiesysteme. 2010. ISE.Fraunhofer. *Studie: Stromentstehungskosten Erneuerbare Energien.* [Online] Dezember 2010. [Zitat vom: 1. Juni 2011.] http://www.ise.fraunhofer.de/veroeffentlichungen/studie...erneuerbare.../at.../file.pdf.

Gabriel, Sebastian. 2007. *Prozessorientiertes Supply Chain Risikomanagement.* Frankfurt am Main : Peter Lang, 2007.

Glückler, Harald Bathelt und Johannes. 2004. *Wirtschaftsgeographie: Ökonomische Beziehungen in räumlicher Perspektive.* Stuttgart : UTB, 2004.

Gunther Maier und Franz Tödtling. 2005. *Regional- und Stadtökonomik 1: Standorttheorie und Raumstruktur.* Wien : Springer, 2005.

Gunther Maier, Franz Tödtling und Michaela Trippl. 2005. *Regional- und Stadtökonomik 2: Regionalentwicklung und Regionalpolitik.* Wien : Springer, 2005.

Hellingrath, Axel Kuhn und Bernd. 2002. *Supply Chain Management-Optimierte Zusammenarbeit in der Wertschöpfungskette .* Berlin : Springer, 2002.

Heymann, Mathias. 1995. *Die Geschichte der Windenergienutzung.* Frankfurt : Campus, 1995.

Hoppe-Klipper, Martin. 2003. *Entwicklung der Windenergietechnik in Deutschland und der Einfluss staatlicher Förderpolitik.* Kassel : Selbstverlag, 2003.

Hugo, Victor. *Victor Hugo (1802-1885) -'französischer Schriftsteller'.*

Institut für Energiewirtschaft und Rationelle Energieanwendung Universität Stuttgart. 2004. Institut für Energiewirtschaft und Rationelle Energieanwendung Universität Stuttgart. *Perspektiven der Stromerzeugung aus Solar-und Windenenergienutzung für eine nachhaltige Energieversorgung in Deutschland.* [Online] April 2004. [Zitat vom: 1. August 2011.] http://www.ier.uni-stuttgart.de/publikationen/pb_pdf/Endbericht_Projekt_FKZ_A204_04.pdf.

Institut für Seeverkehrswirtschaft. 2010. Wettbewerbsfaktor Logistik. [Online] Januar 2010. [Zitat vom: 12. Juni 2011.] http://www.isl.org/projects/1000owea02/doc/Flyer_OWEA_Logistik_2011.pdf

ISE - Fraunhofer. 2010. Stromgestehungskosten erneuerbare Energien. [Online] Dezember 2010. [Zitat vom: 1. August 2011.] http://www.ise.fraunhofer.de/veroeffentlichungen/studie-stromgestehungskosten-erneuerbare-energien.

Jade Hochschule / Fachbereich Seefahrt Elsfleth. 2011. Offshore-Info. [Online] Januar 2011. https://www.offshore-info.de/joomla/index.php/der-offshore-windkraft-markt/branchenstruktur.

Karl, Hans Eberstein und Helmut. 1996. *Handbuch der regionalen Wirtschaftsförderung.* Frankfurt am Main : Schmidt, 1996.

Klaus, Peter. 1998. *Supply Chain Management In: Gabler Lexikon Logistik-Gestaltung von Logistiksystemen, Hrsg. Winfried Krieger.* Landsberg : Gabler, 1998.

Kommision der Europäischen Gemeinschaften. 2000. Ec.europa. [Online] Juni 2000. [Zitat vom: 11. Juli 2011.] http://ec.europa.eu/energy/library/599fi_de.pdf.

KPMG. 2010. offshore-stiftung. *KPMG Offshore-Windparks in Europa.* [Online] Februar 2010. [Zitat vom: 22. Juni 2011.] www.offshore-stiftung.com/Offshore/61/61/60005/.../download.html.

Maier, Gunther. 2005. *Regional- und Stadtökonomik 1: Standorttheorie und Raumstruktur.* Wien : Springer, 2005.

Manager-Magazin. 2011. Ökostrom für Autobauer-VW steigt bei Offshore-Windpark ein. [Online] August 2011. [Zitat vom: 27. August 2011.] http://www.manager-magazin.de/unternehmen/autoindustrie/0,2828,782585,00.html.

Masahisa Fujita und Jacques-Francois Thisse . 2002. *Economics of Agglomeration: Cities, Industrial Location, and Regional Growth.* Cambridge : Cambridge University Press, 2002.

Masahisa Fujita, Paul R. Krugman und Anthony J. Venables. 2001. *The Spatial Economy: Cities, Regions and International Trade.* Cambridge : The MIT Press, 2001.

Neue Energie. 2005. Ausgeträumt. *Neue Energie.* 2005, 12.

—. **2007.** Basisstation Offshore. *Neue Energie.* 2007, 04/07.

—. **2006.** Die Steckdose aus dem Meer. *Neue Energie.* 2006, 12/06.

—. **2006.** Meer wagen. *Neue Energie.* 2006, 08/06.

—. **2004.** Operation Offshore. *Neue Energie.* 2004, 12/04.

—. **2005.** Teurer Grund. *Neue Energie.* 2005, 10/05.

Nordex AG. 2011. Geschäftsbericht 2010. [Online] April 2011. [Zitat vom: 9. Juli 2011.] http://www.nordex-online.com/fileadmin/MEDIA/Geschaeftsberichte/Nordex_GB2010_DE.pdf.

NSGB. 2005. Die Niedersächsische Gemeinde. [Online] Januar 2005. [Zitat vom: 24. Mai 2011.] http://www.nsgb.info/pics/medien/1_1142416411/dng0105.pdf.

Ohlhorst, Dörte. 2009. *Windenergie in Deutschland.* Wiesbaden : GWV, 2009.

O'Sullivan, Arthur. 2009. *Urban Economics.* New York : Mcgraw-Hill, 2009.

P.M. Magazin. 2011. Elektro-Smart von Mercedes:Das Elektrozeitalter ist angebrochen. [Online] 12. August 2011. [Zitat vom: 27. August 2011.] http://www.pm-magazin.de/r/automobiles/%E2%80%9Edas-elektrozeitalter-ist-angebrochen%E2%80%9C.

PWC. 2011. Pricewaterhousecoopers. *Offshore proof - Turning windpower promise into performance.* [Online] Mai 2011. [Zitat vom: 1. Juli 2011.] http://www.pwc.de/de_DE/de/energiewirtschaft/assets/PwC_Offshore.pdf.

Reiche, Danyel. 2005. *Grundlagen der Energiepolitik.* Frankfurt am Main : Peter Lang, 2005.

—. 2004. *Rahmenbedingungen für erneuerbare Energien in Deutschland.* Frankfurt am Main : Peter Lang, 2004.

Ross, David. 1998. *Competing Through Supply Chain MGT- Creating Market-Winning Strategies Through Supply Chain Partnerships.* Chicago : Kluwer Academic, 1998.

Robert Handfield and Ernest Nichols. 1998. *Introduction to Supply Chain Management.* New Jersey : Prentice Hall, 1998.

RWE AG. 2011. Geschäftsbericht 2010. [Online] April 2011. [Zitat vom: 22. Juli 2011.] http://www.rwe.com/web/cms/mediablob/de/581634/data/558234/3/hauptversammlung/Geschaeftsbericht-2010.pdf.

Schattenseiten einer Zukunftsbranche. **Financial Times Deutschland. 2011.** 14.06.2011, Frankfurt : s.n., 2011.

Schmelcher, Werner. 2000. *Anlagenbau, in Praxis des Risikomanagements, Hrsg. Dietrich Dörner.* Stuttgart : Schäffer-Poeschel, 2000.

Siemens AG. 2010. Offshore Wind Farms Europe 2010. [Online] Mai 2010. [Zitat vom: 11. Juni 2011.] http://ewh.ieee.org/cmte/substations/scm0/Montreal%20Meeting/Conference%20PDFs/Main%20meeting%20slides/Offshore%20Wind%20Farms%20Europe%202010.pdf.

Spiegel Online. 2011. Energie-Prächtige Renditen. [Online] März 2011. [Zitat vom: 2. Juni 2011.] http://www.spiegel.de/spiegel/print/d-77435233.html.

Stadtwerke Northeim . 2010. EEG-Umlage verteuert Northeimer Strom. [Online] Dezember 2010. [Zitat vom: 3. Juni 2011.] http://www.stadtwerke-northeim.de/news/de/335/35/eeg-umlage-verteuert-northeimer-strom.html.

Staiß, Frithjof. 2003. *Erneuerbare Energien.* Bieberstein : Radebeul, 2003.

Sucky, Eric. 2004. *Koordination in Supply Chains* . Wiesbaden : Deutscher Universitätsverlag, 2004.

Sueddeutsche. 2011. Ein abgeschaltetes AKW soll wieder an Netz. [Online] Juli 2011. [Zitat vom: 20. Juli 2011.] http://www.sueddeutsche.de/wirtschaft/atomausstieg-ein-alt-akw-bleibt-wohl-am-netz-1.1119434.

Taylor, Harvey W. Armstrong und Jim. 2002. *Regional Economics and Policy.* Oxford : Blackwell, 2002.

Technische Universität Berlin. 2009. Erneuerbare Energien in Deutschland. [Online] August 2009. [Zitat vom: 10. August 2011.] http://opus.kobv.de/tuberlin/volltexte/2010/2557/pdf/Erneuerbare_Energien_in _Deutschland_2009.pdf.

Technische Universität Clausthal. 2005. Die Förderung erneuerbarer Energien in der Stromerzeugung auf dem ordnungspolitischen Prüfstand. [Online] September 2005. [Zitat vom: 19. Mai 2011.] http://www.wiwi.tu-clausthal.de/fileadmin/Volkswirtschaftslehre/RePEc/pdf/SpringmannZfU.pdf.

Technische Universität Dresden. 2005. Offshore Windenergie: Studie zur Rentabilität von Offshore-Windparks in der deutschen Nord-und Ostsee. [Online] Februar 2005. [Zitat vom: 28. Mai 2011.] tu-dresden.de/.../wp_ge_02_jeske_hirschhausen_offshore_wind.pdf.

Themen 2002. 2002. Offshore-Windernenergietechnik. [Online] November 2002. [Zitat vom: 13. Juli 2011.] http://www.fvee.de/fileadmin/publikationen/Themenhefte/th2002/th2002_05_0 1.pdf.

Tobias Hagen, Friedrich Heinemann, Philip Mohl, Steffen Osterloh und Mark Sellenthin. 2010. *Die Zukunft der EU-Strukturpolitik.* Baden-Baden : Nomos, 2010.

Tony Burton, Nick Jenkins, David Sharpe und Ervin Bossanyi. 2011. *Wind Energy Handbook.* Chichester : John Wiley and Sons, 2011.

Treder, Reike. 2004. Google Books. *Eine wirtschaftliche Betrachtung der aktuellen Offshore-Windenergienutzung in Deutschland.* [Online] April 2004. [Zitat vom: 22. Juli 2011.] http://books.google.de/books?id=MVYafJMkgTwC&pg=PA15&lpg=PA15&dq=projektgesamtkosten+offshore&source=bl&ots=QaTrnIdDD5&sig=sCntGOov5AhXJdZpRojAKtfW28c&hl=de&ei=pNhjTvOZHNDLtAaPl-SvCg&sa=X&oi=book_result&ct=result&resnum=1&ved=0CCAQ6AEwAA#v=onepage&q=proje.

Umweltmagazin. 2011. Betriebskosten im Offshore-Windpark . *Umweltmagazin.* 2011, 02/2011.

UNICONSULT – Logistikberatung aus Hamburg. 2011. Offshore-Häfen. *Maritime Logistikkonzepte für Offshore-Windparks.* [Online] Juni 2011. [Zitat vom: 29. Juli 2011.] http://www.offshore-haefen-sh.de/sites/default/files/workshop_praesentation_logistikkonzepte_2_0.pdf.

Universität Kassel. 2001. Institut für Solare Energieversorgungstechnik. [Online] Februar 2001. [Zitat vom: 1. Juni 2011.] http://www.iset.uni-kassel.de/abt/FB-I/publication/Offshore-Windenergienutzung_in_der_AWZ.pdf.

Universität Passau. 1999. Die Auswirkungen der Intergration Europas auf die Agglomeration von Industriefaktoren. [Online] April 1999. [Zitat vom: 24. Mai 2011.] http://www.opus-bayern.de/uni-passau/volltexte/2003/1/pdf/anja.kluever.pdf.

Universität Stuttgart. 2011. Institut für Energiewirtschaft und Rationelle Energieanwendung. [Online] Februar 2011. [Zitat vom: 2. August 2011.] http://www.eeg.tuwien.ac.at/eeg.tuwien.ac.at_pages/events/iewt/iewt2011/uploads/presentation_iewt2011/Pr_253_Goetz_Birgit_21-Feb-2011,_9-11.pdf.

University of Flensburg, Logistik-Service-Agentur Bremerhaven, ipc-projectmanagement Lübeck. 2005. Offshore-Power. *Power-Offshore Wind Suppy Chain Study for Germany.* [Online] October 2005. [Zitat vom: 27. Mai 2011.] http://www.offshore-power.net/Files/Dok/05_12_21_gerstudy_final.pdf.

Vattenfall AG. 2011. Geschäftsbericht 2010. [Online] April 2011. [Zitat vom: 11. Juli 2011.] http://www.vattenfall.com/en/file/2010_Annual_Report.pdf_17546144.pdf.

VDE - Technische Universität München. 2010. Offshore- Windparks in Deutschland. [Online] Januar 2010. [Zitat vom: 29. Mai 2011.] http://www.vde.com/de/regionalorganisation/bezirksvereine/suedbayern/facharbeit%20regional/akenergietechnik/documents/offshore%20windenergie.pdf.

Voß, Alfred. 2003. Energie-Fakten. *Windenergie- Entwicklungen, Erwartungen und energiewirtschaftliche Einordung.* [Online] Juni 2003. [Zitat vom: 29. Juli 2011.] http://www.energie-fakten.de/pdf/voss-windenergie.pdf.

Wildemann, Horst. 2008. *Supply Chain Management.* München : TCW, 2008.

Windenergie Agentur. 2011. Offshore-Windenergie. [Online] Januar 2011. http://www.windenergie-agentur.de/deutsch/windmaerkte/offshore.html.

Windenergie-Agentur. 2011. Branchenbericht 2011 Offshore-Windenenergiemarkt in Deutschland. [Online] Juni 2011. [Zitat vom: 22. Juli 2011.] http://www.windenergie-agentur.de/deutsch/PDFs/WAB-Branchenbericht2011.pdf.

Windkraft Journal. 2011. Auszug aus der Stellungnahme zum Referenzentwurf eines EEG 2012. [Online] Juni 2011. [Zitat vom: 30. Juli 2011.] http://www.windkraft-journal.de/wp-content/uploads/2011/06/Anlage-zur-Presserkl%C3%A4rung-vom-09.06.2011.pdf.

Zoltan Acs, Henri de Groot und Peter Nijkamp. 2002. *The Emergence of the Knowledge Economy: A Regional Perspective.* Berlin : Springer, 2002.